# پسند، چنا اور مکمل:

## مسترد ہونے سے بحالی تک 30 دن کا سفر

کی طرف سے

کمفرٹ لاڈی **; O. Ogbe** زکریا گوڈسیگل ؛ سفیر پیر
اوگبے

-

**Zacharias Godseagle;**

**Ambassador Monday O. Ogbe;**

**Comfort Ladi Ogbe**

AF758984

# کاپی رائٹ صفحہ

پسند کیا گیا، چنا گیا اور مکمل: مسترد ہونے سے بحالی تک 30 دن کا سفر



گڈز ایگل ٹیم کی طرف سے کور ڈیزائن
ریاستہائے متحدہ امریکہ میں پرنٹ کیا گیا پہلا ایڈیشن، 2025

اور کی طرف سے شائع Godseagle زکریا

GEMs – خدا کی عقاب کی وزارتیں
https://www.otakada.org

اجازتوں، پوچھ گچھ، یا گروپ لائسنسنگ کے لیے، براہ کرم رابطہ کریں: ambassador@otakada.org

# کتاب کے بارے میں

کیا آپ ناپسندیدہ، نظر انداز، یا جیسے آپ کبھی بھی پیمائش نہیں کریں گے محسوس کرنے سے تھک گئے ہیں؟
پیارا، چنا اور مکمل: مسترد ہونے سے بحالی تک کا 30 دن کا سفر ایک عقیدت سے زیادہ ہے- یہ آپ کی حقیقی قدر کو دوبارہ دریافت کرنے، اپنی شناخت کا دوبارہ دعوی کرنے، اور خدا نے آپ کو کس کے لیے پیدا کیا ہے اس کی تکمیل کے لیے ایک زندگی بخش دعوت ہے۔

مرد اور عورت دونوں کے نقطہ نظر سے لکھا گیا اور مائیکل اور گریس کی طاقتور، جذباتی کہانیوں سے جڑا ہوا، یہ تبدیلی کا سفر صحیفے، دلی عکاسی، اسٹریٹجک دعاؤں، اور ہدایت یافتہ جرنلنگ کے ذریعے روزانہ شفا فراہم کرتا ہے۔ چاہے آپ بچپن کے زخموں سے لڑ رہے ہوں، رشتے، وزارت، یا قیادت، یہ کتاب آپ کو مسترد کی راکھ سے بحالی کی خوبصورتی میں لے جائے گی۔

:آپ سیکھیں گے کہ کیسے

- نااہلی اور خود شک کے جھوٹ سے آزاد ہو جاؤ
- ماضی کی غداریوں اور جذباتی زخموں کی گونج کو خاموش کر دیں۔
- اپنی خُدا کی عطا کردہ شناخت کو پیارے، چنے ہوئے اور مکمل کے طور پر قبول کریں۔
- دل کی گہرائیوں سے معاف کریں اور امن کے ساتھ چلیں۔
- مقصد دریافت کریں اور دوسروں کو شفا دینے کے لیے اپنی کہانی کا استعمال کریں۔

ہر دن آپ کو باپ کے دل کے قریب لے جائے گا، آپ کے دماغ کی تجدید کرے گا اور آپ کی روح کو بحال کرے گا۔ یہ آپ کا وقت ہے۔ یہ آپ کا علاج ہے۔ یہ آپ کا مکمل پن کا سفر ہے ۔ زکریا سے محبت کے ساتھ؛ امب اوگبے ، اور کمفرٹ لاڈی

## مسترد ہونے سے بحالی تک 30 دن کا سفر - کے لیے مطلوبہ الفاظ :

- عقیدت سے انکار سے شفاء
- شفا یابی کے لئے عیسائی عقیدت
- ایمان کے ساتھ رد پر قابو پانا
- جذباتی شفایابی کے لیے 30 دن کی عقیدت
- ٹوٹے دلوں کے لیے عقیدت
- مسیح کی عقیدت میں شناخت تلاش کرنا
- مسترد بائبل کے مطالعہ کے بعد بحالی
- خدا کی محبت اور شفا بخش عقیدت
- خود کی قدر کے لیے عیسائی عقیدت مند
- شفا یابی کے رد کے لئے دعا گائیڈ
- جذباتی شفا بخش بائبل عقیدت
- روحانی بحالی کے لیے عقیدت مند
- ترک عقیدت سے شفاء
- ٹوٹ پھوٹ اور شفایابی کے لیے عقیدت مند
- بحالی عقیدت کا سفر
- خدا کی قبولیت پر عقیدت
- عقیدے پر مبنی شفا بخش عقیدت
- متاثر کن عیسائی عقیدت کی کتاب
- مسترد اور درد پر قابو پانے کے لئے عقیدت مند
- شفا یابی کے لئے دعا گائیڈ کے ساتھ عقیدت مند

# لگن

ہر اس شخص کے لیے جس نے کبھی نااہل، ناپسندیدہ، نادیدہ، یا
ناپسندیدہ محسوس کیا ہے—
یہ کتاب آپ کے لیے ہے۔
اس بچے کے لیے جو ترک کر دیا گیا تھا، جس رہنما کو دھوکہ دیا گیا تھا، وہ
شریک حیات جسے مسترد کر دیا گیا تھا، وہ دوست جسے نظر انداز کر دیا
گیا تھا-
یہ سفر تمہاری شفا ہے۔
ہر اس مرد اور عورت کے لیے جو خاموشی سے رویا ہو، اپنی قدر پر شک کیا
ہو، اور اپنی جگہ پر سوال کیا ہو،
تم اکیلے نہیں ہو۔
— اور جو دیکھتا ہے، شفا دیتا ہے، بحال کرتا ہے، اور کبھی رد نہیں کرتا
— یسوع مسیح، ہمارا نجات دہندہ
تمام جلال اور عزت آپ کی ہے۔

# اعترافات

،اللہ تعالیٰ کو تمام جلال دیتے ہیں ، ٹوٹے ہوئے دلوں کو شفا دینے والا تقدیر کو بحال کرنے والا، اور وہ جو اپنے پاس آنے والوں کو کبھی رد نہیں کرتا۔

روح القدس کے لیے ، ہمارے تسلی دینے والے، مشیر، اور مستقل ساتھی — ان صفحات میں زندگی کی سانس لینے اور ہر لفظ کو مقصد کے ساتھ رہنمائی کرنے کے لیے آپ کا شکریہ۔

ان مردوں اور عورتوں کے لیے جن کی کہانیوں نے اس عقیدت کو متاثر کیا ، چاہے بالواسطہ ہو یا بلاواسطہ — آپ کی کمزوری اور ہمت کے لیے آپ کا شکریہ۔ آپ کے سفر ہمیں یاد دلاتے ہیں کہ خدا کے ہاتھ میں کوئی تکلیف ضائع نہیں ہوتی۔

شفاعت کرنے والوں، سرپرستوں، اور روحانی باپوں اور ماؤں کے لیے جنہوں نے دعا کی، پیشین گوئی کی، اور اس وژن میں ڈالا — آپ کی حمایت بنیادی رہی ہے۔

خاص طور پر ہم بلی گراہم کا شکریہ ادا کرنا چاہتے ہیں جنہوں نے دوبارہ پیدا ہونے کے طریقہ کار میں تعاون کے لیے بابرکت یادداشت کی۔ شفا یابی اور بحالی کے عمل کے لئے بہت قیمتی. خدا آپ کو برکت !دے

گاڈز ایگل منسٹریز – جی ای ایمز کی ٹیم کے لیے ، دنیا بھر میں شفا اور سچائی کو پھیلانے کے لیے آپ کی غیر متزلزل حمایت اور انتھک عزم کے لیے آپ کا شکریہ۔

ہر اس شخص کے لیے جو رد عمل سے گزر چکا ہے اور پھر بھی دوبارہ یقین کرنے کی ہمت رکھتا ہے — یہ کتاب آپ کی لچک کو خراج تحسین ہے۔

اور آپ کے لیے، قارئین - شفا کے لیے اپنا دل کھولنے کے لیے آپ کا شکریہ۔ خدا کرے کہ یہ سفر آپ کو بحالی، شناخت اور الہی مقصد کی زندگی میں لے جائے۔

# Table of Contents

# تعارف

انکار زندگی کے سب سے تکلیف دہ تجربات میں سے ایک ہے۔ یہ خاموشی سے آتا ہے، لیکن یہ اونچی آواز میں بولتا ہے۔ یہ سرگوشی کرتا ہے کہ آپ کافی اچھے نہیں ہیں، مطلوب نہیں، لائق نہیں ہیں۔ چاہے یہ کسی ایسے والدین کی طرف سے آیا ہو جو چلا گیا ہو، ایک پارٹنر جس نے آپ کی محبت کو دھوکہ دیا ہو، ایک ایسا رہنما جس نے آپ پر کبھی یقین نہیں کیا تھا، یا ایسا نظام جس نے آپ کو نظر انداز کیا تھا، یہ روح پر ایک نشان چھوڑتا ہے۔

میں مسترد ہونے سے گزر چکا ہوں۔ میں نے غلط اندازہ لگانے، ترک کیے جانے اور دیکھے جانے کے ڈنک کو محسوس کیا ہے۔ لیکن میں نے اس سے بھی بڑی چیز دریافت کی ہے: ایک ایسی محبت جو کبھی ناکام نہیں ہوتی، ایک آواز جو مجھے چنی ہوئی کہتی ہے، اور ایک ایسی شفا جسے کوئی زخم برداشت نہیں کر سکتا۔ اس دریافت نے اس عقیدت کو جنم دیا۔

محبت، چنا اور مکمل" صرف ایک عنوان نہیں ہے - یہ آپ کی الہی" شناخت ہے۔

یہ 30 دن کا سفر ہمدردی، صحیفے، اور حقیقی زندگی کی کہانیوں کے ساتھ تیار کیا گیا ہے تاکہ آپ کو مسترد ہونے کے سائے سے بحالی کی ، روشنی میں جانے میں مدد ملے۔ آپ مائیکل اور گریس سے ملیں گے دو متعلقہ آوازیں جو ان جدوجہدوں اور کامیابیوں کی عکاسی کرتی ہیں جن کا ہم سب کو تعلق رکھنے کی جنگ میں سامنا ہے۔ ان کی کہانیوں ،کے ذریعے — اور آپ کی اپنی — آپ سچائی کا پردہ فاش کریں گے جھوٹ کا مقابلہ کریں گے، اور اس شخص کو دوبارہ دریافت کریں گے جس نے آپ کو کبھی رد نہیں کیا: خدا۔

:ہر دن آپ کو پیش کرتا ہے

- آپ کو اپنی طرف متوجہ کرنے کے لیے ایک متعلقہ کہانی
- آپ کو لنگر انداز کرنے کے لیے کتاب سے ایک سچائی
- آپ کے دل کو ہلانے کے لئے ایک عکاسی۔
- آپ کی روح کو سیدھا کرنے کی دعا

- آپ کی شفا یابی کے عمل میں آپ کی مدد کرنے کے لیے ایک جرنل پرامپٹ

یہ کتاب آپ کی محفوظ جگہ ہے۔ یہ ٹوٹے دل، مضبوط لیکن تھکے ہوئے، اور خاموشی سے تکلیف اٹھانے والوں کے لیے ہے۔ چاہے آپ اسے تازہ درد والی جگہ سے پڑھ رہے ہوں یا زخموں سے جو ابھی تک درد ہو، میں آپ کو جاننا چاہتا ہوں:

آپ اکیلے نہیں ہیں۔ آپ کو دل کی گہرائیوں سے پیار کیا جاتا ہے۔ آپ کو منتخب کیا گیا ہے۔ اور ہاں - آپ مکمل ہیں۔

یہ آپ کا اہم موڑ بننے دیں۔ یہ آپ کی بحالی ہونے دیں۔

آپ کے شفا یابی کے سفر میں خوش آمدید۔

# گروپ لیڈرز اور سہولت کاروں کے لیے پیغام

محترم ساتھی رہنما،

مسترد ہونے سے بحالی تک کے سفر پر دوسروں کے ساتھ چلنے کے لیے آپ کے دل کا شکریہ۔ آپ مقدس کام کر رہے ہیں۔

یہ عقیدت نہ صرف ذاتی عکاسی کے لیے ڈیزائن کی گئی تھی بلکہ چھوٹے گروپوں، شفا یابی کی وزارتوں، دعائی حلقوں، اور مشاورت کی ترتیبات کے لیے بھی بنائی گئی تھی۔ ہر دن طاقتور تھیمز، صحیفہ، اور حقیقی زندگی کے تجربات پیش کرتا ہے جو گروپ سیاق و سباق میں گہری گفتگو اور تبدیلی کو جنم دے سکتے ہیں۔

مؤثر طریقے سے سہولت فراہم کرنے میں آپ کی مدد کے لیے یہاں چند تجاویز ہیں:

ہر سیشن کو دعا میں کھولیں، روح القدس کو شفا اور بصیرت لانے کے لیے مدعو کریں۔

روزانہ کی عقیدت کو بلند آواز سے پڑھیں، پھر گروپ کے اراکین کو انفرادی طور پر غور کرنے کے لیے وقت دیں۔

ایماندارانہ، باعزت گفتگو کی رہنمائی کے لیے عکاسی کے سوالات کا استعمال کریں۔

جرنلنگ کی حوصلہ افزائی کریں، لیکن اشتراک کو اختیاری بنائیں — کچھ شفاء خاموشی سے ہوتی ہے۔

دعائیہ اعلان کے ساتھ اختتام کریں، اسے ایمان کی جماعت کے طور پر ایک ساتھ بولتے ہوئے۔

فضل، رازداری، اور غیر فیصلہ کی جگہ بنائیں۔ یہ گہری شفا کے لیے بہت ضروری ہے۔

ان شرکاء کے لیے جو شفا یابی کے بعد مقصد کی طرف قدم بڑھا رہے ہیں، کے لیے ایک خصوصی وقت مقرر کرنا چاہیں گے۔

یاد رکھیں: شفایابی ایک سفر ہے، منزل نہیں۔ آپ کی قیادت، ہمدردی، اور روحانی حساسیت دوسروں میں آزادی کو کھولنے کی کلید ہیں۔ جیسا کہ خدا اس کتاب کو استعمال کرتا ہے، وہ آپ کو اپنے آرام اور بحالی کا برتن بننے کے لیے بھی استعمال کرے۔

گہرے شکرگزار اور دعا کے ساتھ،

سفیر پیر؛ زکریا گوڈسیگل O. Ogbe; کمفرٹ لاڈی Ogbe

God's Eagle Ministries – GEMs

www.otakada.org

## گرجا گھروں/وزارتوں کے لیے خصوصی سفارشات

- 30 دن کی شفا یابی کی مہم کے حصے کے طور پر یہ عقیدت پیش کریں۔ خدمات، بائبل مطالعہ، یا خصوصی مشاورتی سیشنوں میں اس کی تشہیر کریں۔
- نجات اور اندرونی شفا یابی کی وزارتوں میں استعمال کریں۔ موضوعات گہری روحانی بحالی کے ساتھ اچھی طرح سیدھ میں ہیں۔
- حوصلہ افزائی اور ترقی کے لیے 30 دن کے چکر کے اختتام پر تعریفیں شامل کریں ۔
- تبدیلی کو جاری رکھنے کے لیے مقصد کی دریافت، خود کی قدر، اور روحانی ترقی پر فالو اپ پروگراموں پر غور کریں ۔

لائسنسنگ اور گروپ کا استعمال: بلک کاپیوں یا ڈیجیٹل گروپ تک رسائی کے لیے، براہ کرم ہم سے ambassador@otakada.org پر وزارت کی چھوٹ یا اپنی تنظیم کے لیے حسب ضرورت ورژن کے لیے رابطہ کریں ۔

اس سفر کو ایک عقیدت سے زیادہ ہونے دیں- اسے مسیح کے جسم میں شفا، آزادی، اور الہی بحالی کی تحریک بننے دیں۔

# سہولت کار کے رہنما ضمیمہ: گرجا گھروں، وزارتوں، اور شفا بخش گروپوں کے لیے

مقصد:
یہ عقیدت گرجا گھروں، شفا یابی کی وزارتوں، کونسلنگ گروپس، اور سپورٹ فیلو شپس میں استعمال کرنے کے لیے مثالی ہے جہاں لوگ جذباتی، روحانی اور رشتہ دار زخموں سے تندرستی کی تلاش میں ہیں۔

تجویز کردہ گروپ فارمیٹ (ہفتہ وار یا روزانہ استعمال):

1. ابتدائی دعا اور عبادت (5-10 منٹ)
روح القدس کو اپنے درمیان میں خوش آمدید اور امن اور کشادگی کا ماحول بنائیں۔
2. عقیدتی پڑھنا (5-10 منٹ)
روزانہ اندراج کو بلند آواز سے پڑھیں یا اسے وقت سے پہلے تفویض کریں۔ شرکت کرنے کے لیے قارئین کو ہفتہ وار گھمائیں۔
3. گروپ کی عکاسی (20-30 منٹ)
شفاف بحث کے لیے عکاسی کے سوالات کا استعمال کریں۔ شرکاء کو یاد دلائیں کہ یہ ایک محفوظ اور رازدارانہ جگہ ہے۔
4. ذاتی جرنلنگ (10 منٹ)
انفرادی پروسیسنگ کے لیے وقت دیں۔ جریدے رضاکارانہ طور پر شیئر کیے جا سکتے ہیں۔
5. دعا اور شفاعت (10-15 منٹ)
مخصوص مسائل پر جن پر بحث کی گئی ہے دعا کریں۔ ہر سیشن کا اختتام شفا یابی کی دعا کے اعلان کے ساتھ کریں۔
6. ایکشن کمٹمنٹ
ممبران کی حوصلہ افزائی کریں کہ وہ اس دن کے سبق کو عملی طور پر لاگو کریں — خواہ وہ معافی کی توسیع ہو، صحیفوں پر غور کرنا ہو، یا خدا کو خط لکھنا ہو۔

# مائیکل اور امید کی کہانی

مائیکل ایک ایسے گھر میں پلا بڑھا جہاں محبت کم تھی اور منظوری بھی نایاب۔ اس کے والد، ایک سخت اور دور دراز آدمی، شاذ و نادر ہی اثبات کے الفاظ بولتے تھے۔ اس کی ماں، زندگی کی جدوجہد سے مغلوب، اکثر اس کی جذباتی ضروریات کو نظر انداز کر دیتی تھی۔ ایک چھوٹی عمر سے، مائیکل نے ایک دردناک پیغام کو اندرونی بنایا: وہ کافی نہیں تھا. اس سے کوئی فرق نہیں پڑتا ہے کہ اس نے کتنی ہی کوشش کی، اسے پوشیدہ، ناپسندیدہ اور مسترد ہونے کا احساس ہوا۔

اسکول میں، مائیکل کو فٹ ہونے کے لیے جدوجہد کرنا پڑی۔ دوست آئے اور چلے گئے، لیکن وہ ہمیشہ ایسا محسوس کرتا تھا جیسے باہر کا آدمی اندر دیکھ رہا ہو۔ اساتذہ اکثر اسے نظر انداز کرتے تھے، اور چھوٹی چھوٹی غلطیاں بھی اس کی بے وقعتی کی تصدیق کرتی تھیں۔ وقت گزرنے کے ساتھ، مسترد ہو گیا - ایک سایہ جو ہر جگہ اس کا پیچھا کرتا ہے، اس کی قدر کے بارے میں جھوٹ بولتا ہے۔

جوں جوں مائیکل بڑا ہوتا گیا، اس گہرے طور پر مسترد ہونے نے اس کی زندگی کے ہر شعبے کو متاثر کیا—رشتے، کیریئر، اور خود کی قدر۔ وہ قربت سے ڈرتا تھا، دوسروں کی توقع رکھتا تھا کہ وہ اسے چھوڑ دیں یا مسترد کر دیں۔ وہ اپنے خوابوں کا تعاقب کرنے میں ہچکچاتے تھے، اس بات پر یقین رکھتے تھے کہ وہ کامیابی کے لائق نہیں ہے۔ درد خاموش لیکن مستقل تھا، ایک بھاری زنجیر جسے وہ توڑ نہیں سکتا تھا۔

ایک دن، اس کے سب سے نچلے مقام پر، ایک دوست نے اسے ایک عقیدت پیش کی جس کا عنوان تھا پیار، منتخب اور مکمل: ایک 30 دن کا سفر مسترد ہونے سے بحالی تک ۔ شکی مگر مایوس، مائیکل نے پڑھنا شروع کیا۔ ہر روز کا پیغام براہ راست اس کے دل سے بات کرتا ہے، ان سچائیوں کو ظاہر کرتا ہے جنہیں وہ بھول گیا تھا یا کبھی نہیں جانتا تھا: کہ خدا کی محبت غیر مشروط تھی، کہ اسے گہرا انتخاب کیا گیا تھا، اور یہ کہ اس کی شناخت دوسروں کی رائے سے نہیں بلکہ خالق کی طرف سے تھی جس نے اسے نام سے پکارا تھا۔

آہستہ آہستہ، مائیکل خود کو خدا کی نظروں سے دیکھنے لگا۔ مسترد ہونے کی زنجیریں ڈھیلی ہو گئیں جب اس نے دعا، عکاسی اور صحیفے

،کی طاقت کو اپنا لیا۔ اس نے عملی اقدامات کیے — مشاورت کی تلاش صحت مند تعلقات استوار کرنا، اور ایسے جذبوں کا تعاقب کرنا جو کبھی پہنچ سے باہر نظر آتے تھے۔

آج، مائیکل کی تعریف اس کے ماضی کے مسترد ہونے سے نہیں بلکہ اس کی بحالی سے ہوتی ہے۔ وہ اعتماد کے ساتھ چلتا ہے، یہ جانتے ہوئے کہ وہ پیارا، منتخب اور مکمل ہے۔ اس کی کہانی اس بات کا ثبوت ،ہے کہ اس سے کوئی فرق نہیں پڑتا ہے کہ مسترد کتنا ہی گہرا چلتا ہے .شفا اور امید ہمیشہ پہنچ میں رہتی ہے

# فضل اور تجدید کی کہانی

گریس ہمیشہ ایک مسکراہٹ پہنتی تھی، لیکن اس کے پیچھے ایک دل تھا جو مسترد کر رہا تھا۔ بچپن سے ہی، اس نے ترک کرنے کا ڈنک محسوس کیا — اس کے والدین نے اس وقت طلاق لے لی جب وہ بہت چھوٹی تھی، اور وہ گھروں کے درمیان اچھالتی رہی، کبھی بھی بالکل تعلق نہیں رکھتی تھی۔ اسکول اور سماجی حلقوں میں، گریس کو اکثر نظر انداز کیا گیا، گویا اس کی آواز سے کوئی فرق نہیں پڑتا۔ بے ساختہ پیغام واضح تھا: وہ مکمل یا ہمیشہ کے لیے پیار کرنے کے لیے کافی نہیں تھی۔

جیسے ہی وہ جوانی میں داخل ہوئی، گریس کی جڑی ہوئی مسترد اس کے تعلقات میں ظاہر ہوئی۔ اس نے خود کو ایسے لوگوں کی طرف متوجہ پایا جو جذباتی طور پر دستیاب نہیں تھے یا مسترد کر رہے تھے، جو ان دیکھے اور بے قدر محسوس کرنے کے ایک دردناک دور کو جاری رکھتے تھے۔ گہرائی میں، گریس قبولیت کی خواہش رکھتی تھی، لیکن برسوں کے مسترد ہونے نے اسے یقین کرنا مشکل بنا دیا کہ وہ اس کے لائق تھی۔

درد کے باوجود، گریس نے ایک پرسکون امید پر قائم رکھا — ایک سرگوشی کہ وہ اپنے ماضی سے زیادہ ہو سکتی ہے۔ ایک دن، خاص طور پر ٹوٹا ہوا محسوس کرتے ہوئے، اس نے عقیدت پسند، چنا اور مکمل دریافت کیا: مسترد ہونے سے بحالی تک 30 دن کا سفر ۔ شکی مگر شفا کی بھوکی، اس نے پڑھنا شروع کیا۔ ہر ایک عقیدت نے اس کے اندر کچھ ہلچل مچا دی - ایک نرم یاد دہانی کہ خدا کی محبت اس کی کارکردگی یا دوسروں کی منظوری پر مبنی نہیں تھی بلکہ آزادانہ طور پر دی گئی تھی، غیر مشروط اور اٹل تھی۔

روزانہ کی عکاسی، دعاؤں اور کہانیوں کے ذریعے، گریس نے ان جھوٹوں کو ختم کرنا شروع کر دیا جن پر وہ برسوں سے یقین کر رہی تھی۔ اس نے اپنی شناخت کو خُدا کی چُنی ہوئی بیٹی کے طور پر قبول کرنا سیکھا، پیاری اور مکمل۔ شفا یابی فوری نہیں تھی - یہ آنسوؤں، کامیابیوں، اور پرانے زخموں کا سامنا کرنے کی ہمت سے بھرا ہوا سفر تھا - لیکن ہر قدم کے ساتھ، گریس مضبوط ہوتا گیا، صحت مند حدود طے کرنا، اپنے آپ کو اور دوسروں کو معاف کرنا، اور مقصد میں دلیری سے چلنا سیکھا۔

آج، گریس قدر اور تعلق کے نئے احساس کے ساتھ چمک رہا ہے۔ وہ اپنی کہانی دوسروں کی حوصلہ افزائی کے لیے شیئر کرتی ہے جو محسوس کرتے ہیں کہ مسترد ہونے سے پھنسے ہوئے ہیں۔ گریس کے سفر سے پتہ چلتا ہے کہ بحالی ممکن ہے - کہ ہر وہ عورت جو ٹوٹی ہوئی محسوس کرتی ہے وہ اٹھ سکتی ہے، پیار کرتی ہے، چُنی ہوئی اور پوری ہوتی ہے۔

## مسترد کی Ingrained علامات

ایک مضبوط رد عمل کسی شخص کی شناخت، تعلقات اور زندگی کے انتخاب پر گہرا اثر ڈال سکتا ہے۔ آپ اکثر یہ بتا سکتے ہیں کہ یہ کسی کی زندگی میں کام کر رہا ہے رویے، جذبات اور عقائد میں مستقل نمونوں کے ذریعے۔ یہاں کچھ واضح نشانیاں ہیں:

### 1. منظوری کی مسلسل ضرورت

- ،وہ ضرورت سے زیادہ توثیق یا نامنظور کا خوف رکھتے ہیں یہاں تک کہ اجنبیوں سے۔
- تعریف سے انہیں عارضی سکون ملتا ہے، لیکن وہ جلد ہی عدم تحفظ کا شکار ہو جاتے ہیں۔

### 2. قربت یا کمزوری کا خوف

- وہ تعلقات میں کھلنے کے لئے جدوجہد کرتے ہیں یا لوگوں کو تکلیف پہنچنے سے بچنے کے لئے دور دھکیلتے ہیں۔
- ،وہ فرض کرتے ہیں کہ دوسرے آخر کار انہیں چھوڑ دیں گے دھوکہ دیں گے یا مسترد کر دیں گے۔

### 3. تنقید پر زیادہ ردعمل

- یہاں تک کہ نرم اصلاح یا اختلاف بھی ذاتی حملے کی طرح محسوس ہوتا ہے۔
- وہ دفاعی ہو جاتے ہیں یا جذباتی طور پر پیچھے ہٹ جاتے ہیں۔

### 4. خود تخریب کاری

- وہ کوشش کرنے سے پہلے چھوڑ دیتے ہیں، مواقع سے گریز کرتے ہیں، یا ناگزیر ہونے کی توقع کرتے ہیں۔
- "میں کافی اچھا نہیں ہوں" یا "وہ مجھے منتخب نہیں کریں گے" ایک لاشعوری اسکرپٹ بن جاتا ہے۔

### 5. تنہائی اور واپسی

- وہ تنہا رہنے کو ترجیح دیتے ہیں اس لیے نہیں کہ وہ تنہائی سے لطف اندوز ہوتے ہیں، بلکہ دوبارہ مسترد ہونے سے بچنے کے لیے۔
- وہ کہہ سکتے ہیں، "میں اکیلا ہی بہتر ہوں" جب کہ چپکے سے کنکشن کی خواہش رکھتے ہوں۔

## 6. کارکردگی سے چلنے والی شناخت

- ان کی خودی کا تعلق کامیابی، کام، وزارت، یا اچھے سلوک سے ہے۔
- "وہ محسوس کرتے ہیں کہ انہیں خدا سے بھی محبت "کمانا چاہیے۔

## 7. اندرونی قسمیں اور عقائد کو محدود کرنا

- انہوں نے اندرونی قسمیں کھائی ہیں جیسے: "میں دوبارہ کبھی "کسی کو تکلیف نہیں ہونے دوں گا۔
- یہ قسمیں خاموشی سے اپنے فیصلوں کی رہنمائی کرتی ہیں اور آزادی یا شفا کو روکتی ہیں۔

## 8. روحانی منقطع ہونا

- وہ یہ ماننے کے لیے جدوجہد کر سکتے ہیں کہ خُدا اُن سے واقعی محبت کرتا ہے یا قبول کرتا ہے۔
- وہ خُدا کو ایک پیار کرنے والے باپ سے زیادہ جج کے طور پر دیکھتے ہیں، اکثر اُس کی موجودگی میں اپنے آپ کو نااہل محسوس کرتے ہیں۔

# جڑے ہوئے مسترد ہونے سے شفا: ایک قدم بہ قدم رہنما

## مرحلہ **1:** جڑ کو پہچانیں۔

پوچھیں:

- انکار کہاں سے شروع ہوا؟ بچپن؟ خیانت۔ ترک کرنا۔ والدین کی غفلت؟
- ،کس نے یا کس چیز نے سب سے پہلے آپ کو ناپسندیدہ، نااہل یا ناپسندیدہ محسوس کیا؟

عکاسی جرنل:

- "...میں نے پہلی بار ناپسندیدہ محسوس کیا جب"
- "...مجھے یقین تھا کہ میں کافی اچھا نہیں تھا کیونکہ"

دعا:

خداوند، میری زندگی میں مسترد ہونے کی جڑ مجھ پر ظاہر کر۔ چھپے" ہوئے زخموں پر اپنا نور روشن کر۔ جو میں نہیں دیکھ سکتا اسے ٹھیک "کر دے۔

## مرحلہ **2:** جھوٹ کو ترک کریں۔

مسترد اکثر پودے اس طرح جھوٹ بولتے ہیں:

- "میں پیارا نہیں ہوں۔"
- "سب چلے جاتے ہیں۔"
- "مجھے خود کو ثابت کرنا ہے۔"

عمل:
وہ جھوٹ لکھیں جن پر آپ نے یقین کیا ہے۔ پھر سچائی کا اعلان کریں:

- ''میں محبوب میں قبول کیا گیا ہوں'' (افسیوں 1:6)۔
- ''میں خوفناک اور حیرت انگیز طور پر بنایا گیا ہوں'' (زبور 139:14)۔
- ''خدا مجھے کبھی نہیں چھوڑے گا اور نہ ہی مجھے چھوڑے گا'' (عبرانیوں 13:5)۔

دعا:
"میں انکار کے جھوٹ سے معاہدہ توڑتا ہوں۔ میں اس حقیقت کو قبول کرتا ہوں کہ میں آپ میں کون ہوں۔"

## مرحلہ **3:** ان لوگوں کو معاف کریں جنہوں نے آپ کو مسترد کیا۔

معافی زخم کو کھلا رکھتی ہے۔

عمل:

- شخص (افراد) کا نام بتائیں۔
- درد کو تسلیم کریں۔
- معاف کرنے کا انتخاب کریں، چاہے آپ اسے ابھی تک محسوس نہ کریں۔

دعا:

والد، میں [نام] کو معاف کرتا ہوں کیونکہ مجھے ناپسندیدہ اور ناپسندیدہ" محسوس کرنے کے لیے۔ میں انہیں آپ کے حوالے کرتا ہوں اور اپنے "آپ کو معافی کے بوجھ سے آزاد کرتا ہوں۔

## مرحلہ **4:** خدا کی شفا یابی اور قبولیت حاصل کریں۔

خدا آپ کو دوبارہ باپ بنائے۔ اسے آپ سے محبت کرنے دو جہاں دوسرے ناکام رہے۔

عمل:

- خدا کی محبت کے صحیفوں پر غور کرنے میں وقت گزاریں۔
- عبادت میں ڈوب جائیں جو آپ کو آپ کی شناخت یاد دلائے۔

کلیدی صحیفے:

- یسعیاہ 43:1 - "میں نے آپ کو نام سے پکارا ہے؛ آپ میرے ہیں۔"
- رومیوں 8:15 - "تمہیں دوبارہ خوف کے لیے غلامی کی روح نہیں ملی..."

دعا:
"ابا، میں آپ کی محبت اور قبولیت حاصل کرتا ہوں۔ اپنے پیارے بچے کے طور پر میری شناخت دوبارہ بنائیں۔"

## مرحلہ **5:** زندگی سے بات کریں اور اپنے دماغ کی تجدید کریں۔

رد آپ اپنے آپ کو کیسے دیکھتے ہیں اس کو بگاڑ دیتا ہے۔ آپ کو نئے اعلانات کی ضرورت ہے۔

روزانہ اعلانات:

- ".میں خدا کی طرف سے منتخب کیا گیا ہوں"
- ‘‘میں کوئی غلطی نہیں ہوں۔’’
- "مجھے بغیر کسی شرط کے پیار کیا جاتا ہے۔"

ایکشن:
ایک "سچ کی دیوار" یا "شناختی جرنل" بنائیں جہاں آپ لکھیں کہ خدا آپ کے بارے میں کیا کہتا ہے۔

## مرحلہ **6:** صحت مند تعلقات میں دوبارہ جڑیں۔

مسترد کرنا الگ ہو جاتا ہے، لیکن شفا یابی دوبارہ جڑ جاتی ہے۔

:عمل

- محفوظ تعلقات میں کھلنے کے لئے چھوٹے اقدامات کریں۔
- ایک صحت مند کمیونٹی، دعائیہ گروپ، یا شفا یابی کے معاون حلقے میں شامل ہوں۔
- قابل اعتماد لوگوں کو اپنے ساتھ چلنے دیں۔

:دعا

"خداوند، میری زندگی میں صحیح لوگوں کو لے آؤ - جو مجھے اپنے دل سے پیار کریں گے اور مجھے مکمل طور پر بڑھنے میں مدد کریں گے۔"

## مرحلہ 7: وزیر شفا یابی دوسروں کو

خدا آپ کے زخموں کو شفا کے ہتھیاروں میں بدل دیتا ہے۔

عمل:

- اپنی گواہی شیئر کریں۔
- مسترد کے ساتھ جدوجہد کرنے والے دوسروں کے لئے دعا کریں۔
- ہمدردی اور سمجھ بوجھ سے چلیں۔

صحیفہ:

کرنتھیوں 1: 4 - "جو ہماری تمام مصیبتوں میں ہمیں تسلی دیتا ہے 2 تاکہ ہم کسی بھی مصیبت میں ان کو تسلی دے سکیں۔"

مسترد ہونے سے بحالی تک **30** دن کا سفر شروع ہوتا ہے**....**

# دن 1: خاموش زخم

## صحیفہ (NLT):

"اگر میرے والد اور والدہ مجھے چھوڑ دیں تو بھی خداوند مجھے اپنے قریب رکھے گا۔" —زبور 27:10

## مائیکل کی کہانی:

مائیکل اپنے والد کے جنازے میں اکیلا کھڑا تھا، آنکھیں خشک لیکن دل سے خون بہہ رہا تھا۔ "بہت حساس" ہونے کی وجہ سے بچپن میں مسترد کر دیا گیا، وہ کبھی بھی اچھا نہیں تھا۔ اب، ان الفاظ کو سننے میں بہت "دیر ہو چکی تھی جس کی وہ خواہش کرتا تھا: "مجھے تم پر فخر ہے۔ اس خاموشی نے اسے ستایا تھا۔

## گریس کی کہانی:

،فضل ہمیشہ سے پوشیدہ تھا. اس کے والدین کی طرف سے نظر انداز محبت کرنے والوں کے ذریعہ استعمال کیا جاتا ہے، کام پر برخاست کیا جاتا ہے۔ مسترد کرنا ایک لمحہ نہیں تھا - یہ ایک نمونہ تھا۔ اس نے اس کی آواز، اس کے چلنے، اس کی قدر کو شکل دی۔ اس کی مسکراہٹ اس کی ڈھال تھی، لیکن اندر ہی اندر اس نے سوال کیا کہ کیا اس کی کوئی اہمیت ہے؟

## عقیدتی بصیرت:

—رد کرنا ہمیشہ بلند نہیں ہوتا۔ اکثر، یہ خاموشی سے رینگتا ہے خاموشی، نظرانداز، تنقید، ترک کرنے کے ذریعے۔ لیکن ذریعہ کوئی بھی ہو، خدا کے ہاتھ کھلے ہیں۔ وہ صرف آپ کو برداشت نہیں کرتا - وہ

آپ کو منتخب کرتا ہے ۔ وہ آپ کا موازنہ نہیں کرتا ۔ وہ آپ کو پسند کرتا ہے ۔

ڈیوڈ، جس نے زبور 27 لکھا تھا، انکار کو جانتا تھا۔ اس کے خاندان کی ،طرف سے نظر انداز کیا گیا، اس کے دشمنوں کے ذریعہ شکار کیا گیا اس کے اپنے بیٹے کے ذریعہ دھوکہ دیا گیا۔ پھر بھی وہ اعتماد کے "ساتھ اعلان کرتا ہے: "خداوند مجھے قریب رکھے گا۔

آج، اسے آپ کی حقیقت بننے دیں۔ خُدا آپ کی تعریف اس بات سے نہیں کرتا کہ آپ کو کس نے مسترد کیا — بلکہ اُس کی طرف سے جس نے آپ کو چھڑایا۔

## :عکاسی کے سوالات

1. آپ کی زندگی میں کس نے آپ کو نااہل یا پوشیدہ محسوس کیا؟
2. اس انکار کی وجہ سے آپ نے اپنے بارے میں کون سا جھوٹ مان لیا؟

## :دعا کا اعلان

باپ، یہاں تک کہ جب لوگ مجھے مسترد کرتے ہیں، آپ مجھے قبول کرتے ہیں. جب دوسرے چھوڑ دیتے ہیں تو تم مجھے قریب رکھتے ہو۔ میں ماضی کے مسترد ہونے کے درد کو سپرد کرتا ہوں اور آپ کی شفا یابی کو قبول کرتا ہوں۔ مجھے یسوع کے نام پر دوبارہ تندرست کر دو۔ آمین

## :جرنل پرامپٹ

اس شخص (یا لوگوں) کو ایک خط لکھیں جنہوں نے آپ کو مسترد کیا تھا ۔ بھیجنے کے لیے نہیں، بلکہ چھوڑنے کے لیے۔ اپنی تکلیف کو باہر ڈالیں، پھر خدا سے پوچھیں کہ وہ اس جگہ کو اپنی سچائی سے بھر دے۔

نوٹس:

# دن 2: جھوٹ کی جڑ

## :صحیفہ (بڑھا ہوا)

"چور صرف چوری کرنے اور مارنے اور تباہ کرنے کے لیے آتا ہے۔ میں اس لیے آیا ہوں کہ ان کے پاس زندگی ہو، اور اسے بہت زیادہ حاصل ہو [مکمل ہونے تک، جب تک وہ بہہ نہ جائے]۔ – جان 10:10 AMP

## :مائیکل کی کہانی

مائیکل اپنے سر میں آواز کو ہلا نہیں سکتا تھا: "تم کافی نہیں ہو۔" اس کی گونج بورڈ رومز میں، اس کی شادی میں، یہاں تک کہ چرچ میں بھی سنائی دیتی تھی۔ جب بھی کسی نے اس کی کوششوں کو تسلیم نہیں کیا، زخم دوبارہ کھل گیا۔ اس نے اپنی قابلیت ثابت کرنے کے لیے زیادہ محنت کی، لیکن تالیاں کبھی قائم نہ رہیں۔

## :گریس کی کہانی

گریس نے ایک بار گلوکار بننے کا خواب دیکھا۔ لیکن جس رات اس کی ماں نے ہنستے ہوئے کہا، "خود کو شرمندہ مت کرو،" خواب مر گیا۔ تب سے، ہر موقع ایک جال کی طرح محسوس ہوا، ہر تعریف ایک جھوٹ۔ اس نے عاجزی کے تحت اپنے تحائف کو نقاب پوش کیا، نظر آنے سے ڈرتا ہے۔

## :عقیدتی بصیرت

"،مسترد کرنے کے پودے ہمارے اندر گھرے ہیں: "آپ اس قابل نہیں ہیں
آپ کبھی بھی پیمائش نہیں کریں گے،" "آپ ناپسندیدہ ہیں۔" لیکن یہ آپ"
،کے خیالات نہیں ہیں - یہ وہ بیج ہیں جو دشمن آپ کی شناخت چرانے
آپ کے اعتماد کو ختم کرنے اور آپ کی تقدیر کو تباہ کرنے کے لیے
بوتے ہیں۔

یسوع صرف آپ کی جان بچانے کے لیے نہیں آیا تھا — وہ آپ کی
پوری زندگی کو بحال کرنے آیا تھا ، بشمول آپ کی قدر ، آواز اور
شناخت ۔

آج جھوٹ کی نشاندہی کریں۔ اسے اکھاڑ پھینکو۔ اسے سچائی سے بدل
دیں۔ خُدا کی سچائی ردِ عمل نہیں ہے - یہ نجات بخش ہے۔

## :عکاسی کے سوالات

1. بار بار آنے والی کونسی سوچ نے آپ کی ترقی کو محدود کر دیا ہے یا آپ کی خوشی چرا دی ہے؟
2. کیا آپ پہچان سکتے ہیں کہ یہ جھوٹ کہاں سے اور کب شروع ہوا؟

## :دعا کا اعلان

یسوع، آپ مجھے پرچر زندگی دینے آئے ہیں۔ میں ہر اس جھوٹ کو
مسترد کرتا ہوں جو کہتا ہے کہ میں بیکار یا ناپسندیدہ ہوں۔ میں ان
جھوٹوں کو جڑ سے اکھاڑ پھینکتا ہوں اور آپ کی سچائی کو قبول کرتا
ہوں: میں پیارا، قیمتی اور مقصد کے لیے تخلیق کیا گیا ہوں۔ مجھے اندر
سے شفا بخش۔ آمین

## :جرنل پرامپٹ

ان 3 جھوٹوں کی فہرست بنائیں جن پر آپ نے اپنے بارے میں یقین کیا ہے۔ پھر، ہر ایک کے ساتھ، خدا کے کلام سے ایک سچائی لکھیں جو اس کی تردید کرے۔

نوٹس:

# دن **3:** جب محبت چھوڑ دیتی ہے۔

## **(NLT):** صحیفہ

"خداوند ٹوٹے دلوں کے قریب ہے، وہ ان لوگوں کو بچاتا ہے جن کی روحیں کچل گئی ہیں۔" —زبور 34:18

## **:**مائیکل کی کہانی

وہ وہی تھی جس کا خیال تھا کہ وہ رہے گی۔ جب اس کی بیوی باہر نکلی تو اس نے اپنے کپڑوں سے زیادہ لے لیا - اس نے اس کے اعتماد کا آخری ٹکڑا لے لیا۔ "تم بہت خراب ہو گئی ہو،" اس نے کہا تھا۔ اس کی رخصتی سے محسوس ہوا کہ اس بات کی تصدیق ہو گئی ہے کہ اسے ہر چیز کا خدشہ تھا۔

## **:**گریس کی کہانی

گریس کو ان کی شادی سے چند ہفتے قبل اس کی منگیتر نے بھوت بنایا تھا۔ کوئی وضاحت نہیں۔ بس خاموشی... اس نے خود کو مورد الزام ٹھہرایا — اس کی شکل، اس کی شخصیت، اس کا ماضی۔ اسے ایسا محسوس ہوا جیسے کوئی بھی دعویٰ نہیں کرنا چاہتا تھا۔

## **:**عقیدتی بصیرت

کچھ زخم اس سے زیادہ گہرے ہوتے ہیں کہ کسی ایسے شخص کے چھوڑ دیا جائے جس نے رہنے کا وعدہ کیا ہو۔ لیکن یہاں سچائی ہے: خدا وہ نہیں ہے جو کبھی دور نہیں جاتا ہے۔ وہ آپ کے آنسوؤں سے نہیں تھکتا۔ جب آپ بہترین نہیں ہوتے تو وہ پیچھے نہیں ہٹتا۔

آپ کا دل ٹوٹ سکتا ہے، لیکن یہ مرمت سے باہر نہیں ہے. جب لوگ چلے جاتے ہیں ، خُدا اندر جھکتا ہے ۔

## عکاسی کے سوالات:

1. کون آپ سے دور چلا گیا، اور اس نے آپ کی عزت نفس کو کیسے بنایا؟
2. آپ آج بھی اس ترک کو کن طریقوں سے اٹھاتے ہیں؟

## دعا کا اعلان:

خُداوند، میں تجھ کو اُن لوگوں کا درد دیتا ہوں جو چلے گئے۔ میں لاوارث محسوس کر سکتا ہوں، لیکن میں کبھی تنہا نہیں ہوں۔ میری ٹوٹ پھوٹ میں میرے قریب رہو۔ مجھے اپنی محبت سے بچا اور جو کھو گیا اسے دوبارہ بنا۔ آمین

## جرنل پرامپٹ:

ایک ایسے رشتے کے بارے میں خدا کو ایک دعائیہ خط لکھیں جس نے آپ کو شدید زخمی کیا ہو۔ ایماندار بنیں۔ پھر اسے اپنے دل سے بات کرنے کی اجازت دیں۔

نوٹس:

## دن **4:** آپ کو شرمندہ کرنا

### صحیفہ **(AMP):**

اپنی [سابقہ] شرم کے بدلے آپ کو دوہرا حصہ ملے گا..." - یسعیاہ"
61:7a

### **:**مائیکل کی کہانی

مائیکل کو فیملی فنکشنز میں جانے سے نفرت تھی۔ باقی سب "اچھا کر رہے تھے۔" وہ اب بھی اپنے ماضی کی گڑبڑ کو ٹھیک کرنے کی کوشش کر رہا تھا — ملازمت کا نقصان، ایک ناکام شادی، قرض۔ گھورنا، خاموشی، ترس، یہ سب شرمندگی سے چیخ اٹھے۔

### **:**گریس کی کہانی

،شرم سایہ کی طرح گریس کے کندھوں پر رہتی تھی۔ جنسی زیادتی ٹوٹی ہوئی مصروفیات، برے انتخاب—اسے یقین تھا کہ اس نے انہیں سرخ رنگ کے خط کی طرح پہنا ہے۔ یہاں تک کہ جب وہ مسکرایا، اس "کی روح نے سرگوشی کی، "وہ جانتے ہیں۔

### **:**عقیدتی بصیرت

شرم خدا سے نہیں ہوتی۔ جرم کہتا ہے، "میں نے کچھ غلط کیا ہے۔" شرم کہتی ہے، "میں کچھ غلط ہوں ۔" یسوع نے صلیب پر دونوں برداشت کیے — آپ کا قصور اور آپ کی شرم۔

یسعیاہ 61:7 میں خدا کا وعدہ مبہم تسلی نہیں ہے۔ یہ خدائی معاوضے کا اعلان ہے ۔ تمہاری شرمندگی کے لیے وہ عزت دیتا ہے۔ رد کرنے کے لیے، وہ اپنی ملکیت دیتا ہے۔ درد کے لیے، وہ مقصد دیتا ہے۔

آپ کو کسی اور دن شرمندگی نہیں پہننی ہوگی۔

## :عکاسی کے سوالات

1. کون سی یاد یا غلطی اب بھی آپ کو شرمندہ کرتی ہے؟
2. ایسا جینا کیسا لگے گا جیسے آپ کو واقعی معاف کر دیا گیا ہو؟

## :دعا کا اعلان

خدا، میں شرم سے لیٹ گیا. میں وہ نہیں ہوں جو میرے ساتھ کیا گیا یا جو میں نے کیا ہے - میں وہ ہوں جو آپ کہتے ہیں کہ میں ہوں۔ مجھے وقار کے ساتھ لباس پہناؤ۔ میری شناخت بحال کرو۔ مجھے آپ سے شفا اور عزت کا دوہرا حصہ ملتا ہے۔ آمین

## :جرنل پرامپٹ

ایک چیز بیان کریں جسے آپ نے شرم کی وجہ سے چھپا رکھا ہے۔ پھر لکھیں کہ اگر یہ وزن ختم ہو جائے تو آزادی کیسی محسوس ہوگی۔

نوٹس:

# دن 5: اندر کی آواز

## صحیفہ (NLT):

"کیونکہ ہم خُدا کا شاہکار ہیں۔ اُس نے ہمیں مسیح یسوع میں نئے سرے سے پیدا کیا ہے، تاکہ ہم اُن اچھے کام کر سکیں جو اُس نے بہت پہلے ہمارے لیے منصوبہ بندی کی تھیں۔" —افسیوں 2:10

## مائیکل کی کہانی:

مائیکل اکثر اپنے سر میں اپنے والد کی تنقیدی آواز سنتا تھا: "تم کبھی کچھ نہیں بنو گے۔" یہاں تک کہ ایک بڑے آدمی کے طور پر، اس آواز نے اس کے انتخاب کو آگے بڑھایا — اور اس کی صلاحیت کو غرق کردیا۔

## گریس کی کہانی:

گریس کی اندرونی آواز اس پر بولے جانے والے ہر ظالمانہ لفظ کی بازگشت سنائی دیتی تھی۔ یہاں تک کہ جب لوگ اس کی تعریف کرتے تھے، تو اس کا دماغ سرگوشی کرتا تھا، "وہ واقعی اس کا مطلب نہیں رکھتے۔" اس نے نعمتوں کو سبوتاژ کیا، اس ڈر سے کہ انہیں چھین لیا جائے گا۔

## عقیدتی بصیرت:

ہم سب داخلی داستانیں رکھتے ہیں — رد، صدمے، خوف سے لکھے گئے اسکرپٹ۔ لیکن آج، خدا آپ کی کہانی کو دوبارہ لکھتا ہے۔ آپ کی غلطی نہیں ہے۔ آپ اوسط نہیں ہیں۔ آپ ناپسندیدہ نہیں ہیں۔

آپ اس کا شاہکار ہیں ۔ آپ کو نیت کے ساتھ تیار کیا گیا تھا، فضل میں دھویا گیا تھا، اور عظمت کے لئے مقرر کیا گیا تھا.

نقاد کو خاموش کرنے اور خالق کی آواز کو بلند کرنے کا وقت آگیا ہے۔

## :عکاسی کے سوالات

1. آپ کو اب بھی کس کی آواز سنائی دے رہی ہے جو رد یا تنقید کو ری پلے کرتی ہے؟
2. خدا کے کلام میں سے کون سی سچائی آپ کو بلند آواز سے بولنے کی ضرورت ہے؟

## :دعا کا اعلان

باپ، ہر اس آواز کو خاموش کر دو جو میری قدر کے خلاف بولتی ہے۔ میں اس پر یقین کرنے کا انتخاب کرتا ہوں جو آپ میرے بارے میں کہتے ہیں۔ میں تمہارا شاہکار ہوں۔ میں کافی ہوں۔ میں جان بوجھ کر، مقصد کے لیے پیدا کیا گیا تھا۔ آمین

## :جرنل پرامپٹ

خدا کے کلام پر مبنی "میں ہوں" کی فہرست لکھیں (مثلاً، میں چنا گیا ہوں، میں محبوب ہوں، میں مکمل ہوں...)۔ کہیں نظر آنے والی جگہ پوسٹ کریں۔

## :نوٹس

# دن 6: باپ کا گلے لگانا

## صحیفہ (NLT):

"چنانچہ وہ اپنے والد کے پاس گھر واپس آیا۔ اور جب وہ ابھی بہت دور ہی تھا کہ اس کے باپ نے اسے آتے دیکھا۔ محبت اور شفقت سے لبریز ہو کر، وہ اپنے بیٹے کے پاس بھاگا، اسے گلے لگایا اور اسے بوسہ دیا۔" —لوقا 15:20

## مائیکل کی کہانی:

مائیکل خُدا سے دُور ہو چکا تھا — تلخی اور الزام کی وجہ سے۔ لیکن ،ایک رات، ٹوٹے ہوئے اور تھکے ہوئے، اس نے سرگوشی میں دعا کی "اگر تم اب بھی وہاں ہو..." اس کے بعد جو کچھ ہوا وہ مذمت نہیں بلکہ امن کا ناقابل تردید احساس تھا۔

## گریس کی کہانی:

گریس نے اپنے زمینی باپ کی طرح خدا کا تصور کیا — دور اور مایوس۔ لیکن عبادت کی خدمت میں، گانے نے کہا، "وہ ایک اچھا، اچھا باپ ہے۔" ایک نئی حقیقت کے ٹوٹتے ہی آنسو گرے: خدا مجھے چاہتا ہے... اب بھی۔

## عقیدتی بصیرت:

اجنبی بیٹے کی کہانی صرف توبہ کے بارے میں نہیں ہے - یہ ایک باپ کے بارے میں ہے جو بھاگتا ہے - خدا صرف انتظار نہیں کرتا۔ وہ دیکھتا ہے۔ وہ لیکچرز میں دلچسپی نہیں رکھتا بلکہ گلے لگاتا ہے -

ہو سکتا ہے کہ آپ نا اہل محسوس کریں، بہت دور چلے گئے، بہت زیادہ خراب ہو گئے — لیکن آپ کا باپ آپ کو دیکھتا ہے۔ وہ آپ کو گھر چاہتا ہے۔ اس کے بازوؤں کو وہ جگہ بننے دیں جہاں آپ کی شفا یابی شروع ہوتی ہے۔

## :عکاسی کے سوالات

1. کیا آپ خُدا کو ایک پیار کرنے والے باپ کے طور پر دیکھتے ہیں یا ایک دور کی شخصیت کے طور پر؟
2. آپ کو اس کے مکمل طور پر گلے ملنے کے بارے میں کیا خوف ہے؟

## :دعا کا اعلان

ابا باپ، میں آپ کے پاس ویسے ہی آتا ہوں جیسے میں ہوں۔ میرے پاس بھاگو، مجھے پکڑو، مجھے شفا دو۔ میں خوف سے لیٹ جاتا ہوں اور آپ کی آغوش حاصل کرتا ہوں۔ آپ ان لوگوں کی طرح نہیں ہیں جنہوں نے چھوڑ دیا - آپ وفادار، مہربان اور محبت کرنے والے ہیں۔ آمین

## :جرنل پرامپٹ

ایک خط لکھیں گویا خدا آپ سے اپنے پیارے بچے کی طرح بات کر رہا ہے۔ کے ساتھ شروع کریں، "میرا قیمتی بیٹا/بیٹی..."

نوٹس:

# دن 7: انتظار کے قابل

## صحیفہ (AMP):

اس لیے خُداوند انتظار کرتا ہے [متوقع] اور تم پر مہربانی کرنے کی" آرزو کرتا ہے، اور اِس لیے وہ آپ پر رحم کرنے کے لیے بلندی پر انتظار کرتا ہے۔" —یسعیاہ 30:18

## مائیکل کی کہانی:

مائیکل نے سوچا کہ خدا اسے بھول گیا ہے۔ برسوں کی بے جواب دعاؤں نے اسے بے حس کر دیا تھا۔ لیکن خدا اسے نظر انداز نہیں کر رہا تھا۔ وہ اسے تیار کر رہا تھا۔ جو کچھ تاخیر کی طرح لگتا تھا وہ الہی وقت تھا۔

## گریس کی کہانی:

گریس نے سوچا کہ اس کی محبت اور قبولیت کی دعائیں کیوں جواب نہیں دی گئیں۔ آہستہ آہستہ، خدا نے انکشاف کیا: "میں آپ کو صرف وہی نہیں دے رہا ہوں جو آپ چاہتے ہیں، میں آپ کو اس کے لیے تیار کر رہا ہوں جس کی آپ کو ضرورت ہے۔"

## عقیدتی بصیرت:

- خدا کی خاموشی غیر حاضری نہیں ہے۔ کبھی کبھی وہ انتظار کرتا ہے سزا دینے کے لیے نہیں، بلکہ پوزیشن کا ۔ اس کی تاخیر انکار نہیں ہے یہ گہری، جان بوجھ کر محبت کی علامت ہے۔ -

آپ بھولے نہیں ہیں۔ آپ انتظار کے قابل ہیں ۔ اور جو کچھ آپ کے لیے خدا کے پاس ہے وہ اس سے کہیں بڑھ کر ہو گا جسے مسترد نے چرانے کی کوشش کی۔

## :عکاسی کے سوالات

1. کس تاخیر نے آپ کو اپنی اہمیت پر سوالیہ نشان بنا دیا ہے؟
2. کیا آپ خدا کے وقت پر بھروسہ کر سکتے ہیں یہاں تک کہ جب یہ سست محسوس ہوتا ہے؟

## :دعا کا اعلان

خداوند، میں انتظار میں آپ پر بھروسہ کرنے کا انتخاب کرتا ہوں۔ میری مدد کریں خاموشی کو غیر موجودگی سے الجھانے میں نہیں مجھے تیار کرو، مجھے بہتر کرو، اور جب صحیح وقت ہو تو مجھے بحال کرو۔
آمین

## :جرنل پرامپٹ

کسی ایسی چیز کے بارے میں لکھیں جس کا آپ انتظار کر رہے ہیں۔
پھر لکھیں کہ نتیجہ کے ساتھ خدا پر بھروسہ کرنے کا کیا مطلب ہے۔

نوٹس:

## دن **8:** آپ کے بارے میں سچائی

### **(NLT):** صحیفہ

تم نے مجھے نہیں چنا، میں نے تمہیں چنا ہے۔ میں نے تمہیں مقرر کیا" ہے کہ جاؤ اور دیرپا پھل پیدا کرو..." - جان 15:16

### **:**مائیکل کی کہانی

مائیکل نے ہمیشہ زندگی میں بیک اپ پلان کی طرح محسوس کیا - کبھی بھی پہلا انتخاب نہیں۔ لیکن جب اُس نے پڑھا کہ یسوع نے اُسے ذاتی طور پر چُنا ہے تو اُس میں کچھ بدل گیا۔ "خدا مجھے چاہتا ہے،" اس نے سرگوشی کی۔

### **:**گریس کی کہانی

گریس نے خود کو "جس کے لیے انہوں نے طے کیا تھا۔" لیکن اس کے کمرے کی خاموشی میں، خدا نے سرگوشی کی، "میں نے تمہیں چن لیا "اس سے پہلے کہ وہ تمہیں مسترد کر دیں۔

### **:**عقیدتی بصیرت

"اس سے پہلے کہ دنیا کہے "تم کافی نہیں ہو" خدا نے کہا "تم میرے ہو۔ آپ کو منتخب کیا گیا تھا — دوسری سوچ کے طور پر نہیں، ترس کھا کر نہیں — بلکہ نیت اور محبت کے ساتھ

اس سچائی کو آج آپ پر لنگر انداز ہونے دیں: آپ کو جنت نے منتخب کیا ہے۔

## :عکاسی کے سوالات

1. آپ نے کب کسی کی زندگی میں سوچا ہے؟
2. یہ جاننا کہ خُدا نے آپ کا انتخاب کیا ہے کہ آپ اپنے آپ کو کیسے دیکھتے ہیں؟

## :دعا کا اعلان

،یسوع، مجھے منتخب کرنے کے لیے آپ کا شکریہ۔ میں بھولا ہوا مسترد یا بے ترتیب نہیں ہوں۔ میں تمہارا ہوں آج اس سچائی پر بھروسہ کرتے ہوئے چلنے میں میری مدد کریں۔ آمین

## :جرنل پرامپٹ

اپنی زندگی کے 5 شعبوں کو لکھیں جہاں آپ اب یقین کرنے کا انتخاب "کرتے ہیں: "میں چنا گیا ہوں۔

نوٹس:

# دن 9: سائیکل توڑنا

## صحیفہ (AMP):

دیکھو، میں ایک نیا کام کر رہا ہوں، اب وہ نکل رہا ہے، کیا تم اسے ’’ نہیں سمجھتے؟‘‘ —یسعیاہ 43:19

## مائیکل کی کہانی:

مائیکل نے محسوس کیا کہ وہ وہی دہرا رہا ہے جس کے ساتھ وہ بڑا ہوا ہے—جذباتی دوری، عدم اعتماد، خاموش تکلیف۔ لیکن ایک دن، اس نے کہا، "یہ میرے ساتھ ختم ہوتا ہے۔"

## گریس کی کہانی:

گریس نے ہر صحت مند رشتے کو دور کر دیا تھا کیونکہ درد محبت سے زیادہ واقف تھا یہاں تک کہ اس نے آخر میں کہا، "اور نہیں، میں حقیقی محبت کے لائق ہوں۔"

## عقیدتی بصیرت:

مسترد اکثر اپنے آپ کو دہراتا ہے - جب تک کہ ہم اسے روکیں۔ خدا آپ کو سائیکل توڑنے کی طاقت دیتا ہے - آپ کو کیا تکلیف پہنچی اس کا حتمی لفظ نہیں ہوگا۔ جس چیز نے آپ کو نقصان پہنچایا وہ آپ کی وضاحت نہیں کرے گا۔

آپ اپنی تاریخ نہیں ہیں۔ آپ خدا کی نئی شروعات ہیں۔

## عکاسی کے سوالات:

1. آپ کی زندگی میں کون سے نمونوں کی جڑیں مسترد ہیں؟
2. کیا آپ شفا یابی کا انتخاب کرنے کے لیے تیار ہیں، یہاں تک کہ جب یہ ناواقف محسوس ہو؟

## دعا کا اعلان:

خدا، میں تیرا شکر ادا کرتا ہوں کہ میں ماضی کا پابند نہیں ہوں۔ مجھ میں رد، خوف اور بے اعتمادی کے ہر چکر کو توڑ دو۔ میں اعلان کرتا ہوں: یہ میرے ساتھ ختم ہوتا ہے، اور شفا یابی آج سے شروع ہوتی ہے۔ آمین

## جرنل پرامپٹ:

ایک نسلی نمونہ یا ذاتی طرز عمل کی وضاحت کریں جسے آپ توڑنے کے لیے تیار ہیں۔ آپ کو یقین ہے کہ خدا کس "نئی چیز" کو شروع کرنا چاہتا ہے؟

نوٹس:

# دن **10:** معاف کرنے کی طاقت

## صحیفہ **(NLT):**

"ایک دوسرے کی غلطیوں کی تلافی کرو، اور جو بھی آپ کو ٹھیس پہنچائے اسے معاف کر دو، یاد رکھو، رب نے تمہیں معاف کیا ہے، اس لیے تمہیں دوسروں کو معاف کرنا چاہیے۔" —کلسیوں 3:13

## مائیکل کی کہانی**:**

مائیکل اپنے باپ کو معاف نہیں کرنا چاہتا تھا۔ لیکن غصے کو پناہ دینے نے اسے صرف پابند رکھا۔ معافی بھول نہیں رہی تھی - یہ خود کو درد کی قید سے آزاد کر رہی تھی۔

## گریس کی کہانی**:**

گریس نے آخر کار اس دوست کو معاف کر دیا جس نے اسے دھوکہ دیا اس لیے نہیں کہ وہ اس کی مستحق تھی، بلکہ اس لیے کہ گریس کو — امن کی ضرورت تھی۔ معافی اس کی آزادی کا راستہ بن گئی۔

## عقیدتی بصیرت**:**

معافی ایک احساس نہیں ہے - یہ ایک انتخاب ہے ۔ درد سے انکار نہیں بلکہ یہ اعلان کہ درد اب آپ کی زندگی پر حکمرانی نہیں کرے گا۔

آپ معاف نہیں کر رہے کہ کیا ہوا ہے۔ آپ آگے بڑھنے کے لیے خود کو آزاد کر رہے ہیں ۔

## عکاسی کے سوالات:

1. آپ کو کس کو معاف کرنے کی ضرورت ہے تاکہ آپ شفا دے سکیں؟
2. کیا چیز آپ کو مکمل طور پر جانے سے روکتی ہے؟

## دعا کا اعلان:

خُداوند، میں معاف کرنے کا انتخاب کرتا ہوں - اس لیے نہیں کہ وہ اس کے مستحق ہیں، بلکہ اس لیے کہ میں شفایابی کی خواہش رکھتا ہوں۔ مجھے تلخی سے آزاد کر، اور مجھے دوبارہ محبت کرنا سکھا دے۔ یسوع کے نام میں، آمین۔

## جرنل پرامپٹ:

معافی کا خط لکھیں۔ ایماندار ہو. پھر اس پر دعا کریں اور اس شخص کو خدا کے ہاتھ میں چھوڑ دیں۔

نوٹس:

# دن **11:** بیانیہ کو دوبارہ لکھنا

## **(NLT):** صحیفہ

اس کا مطلب یہ ہے کہ جو بھی مسیح کا ہے وہ نیا شخص بن گیا ہے۔" پرانی زندگی ختم ہو گئی ہے، ایک نئی زندگی شروع ہو گئی ہے!" —2 کرنتھیوں 5:17

## **:**مائیکل کی کہانی

مائیکل نے ہمیشہ اپنے آپ کو ٹوٹا ہوا، ناقص اور غیر مستحق دیکھا۔ لیکن جیسے ہی اس نے خدا کے کلام کا مطالعہ کیا، اس نے اپنے بارے میں ایک نئی کہانی لکھنی شروع کی—جو سچائی پر مبنی تھی، صدمے پر نہیں۔

## **:**گریس کی کہانی

"گریس یہ کہتے ہوئے بڑی ہوئی کہ وہ "بہت زیادہ جذباتی،" "بہت زیادہ ہے۔ برسوں تک اس نے خود کو سکڑنے کی کوشش کی۔ لیکن خدا نے ‘‘سرگوشی کی، ’’تم میری نظر میں بالکل ٹھیک ہو۔

## **:**عقیدتی بصیرت

مسترد جھوٹے لیبل لکھتا ہے: ناپسندیدہ، ناکافی، نقصان پہنچا۔ لیکن جب آپ مسیح کو قبول کرتے ہیں، تو آپ کو ایک نئی شناخت دی جاتی ہے ۔ خدا کا کلام آپ کا نیا رسم الخط بن جاتا ہے۔

آپ وہ نہیں ہیں جو دوسروں نے آپ کے ساتھ کیا۔ آپ وہ نہیں ہیں جو انہوں نے آپ کے بارے میں کہا ہے۔ آپ ترقی میں خدا کا شاہکار ہیں۔

## عکاسی کے سوالات:

1. آپ نے اپنے بارے میں کن جھوٹے ناموں یا لیبلوں پر یقین کیا ہے؟
2. خدا آپ کے بارے میں کیا کہتا ہے کہ آپ واقعی کون ہیں؟

## دعا کا اعلان:

خُداوند، میں اُن جھوٹوں کے حوالے کرتا ہوں جن کے تحت میں رہ چکا ہوں۔ میں آپ میں اپنا نیا نام، اپنی نئی شناخت، میری نئی زندگی حاصل کرتا ہوں۔ مجھے اس شخص کے طور پر جینے میں مدد کریں جس کے لیے آپ نے مجھے بنایا ہے۔ آمین

## جرنل پرامپٹ:

تین غلط عقائد لکھیں جو آپ نے اپنے بارے میں رکھے ہیں۔ پھر ہر ایک کا مقابلہ کرنے کے لیے ایک صحیفہ یا سچائی لکھیں۔

نوٹس:

## دن **12:** آپ اکیلے نہیں ہیں۔

### صحیفہ **(AMP):**

کیونکہ اُس [خدا] نے خود کہا ہے، 'میں آپ کو کسی بھی طرح ناکام" نہیں کروں گا، نہ آپ کو چھوڑوں گا اور نہ ہی آپ کو سہارے کے بغیر bچھوڑوں گا...' - عبرانیوں 13:5

### **:**مائیکل کی کہانی

مائیکل کا خیال تھا کہ اسے ہر جنگ اکیلے ہی لڑنی ہوگی۔ لیکن آہستہ آہستہ اس نے خاموش لمحوں میں خدا کی موجودگی کو محسوس کرنا شروع کیا - کبھی نہیں چھوڑنا، کبھی نہیں چھوڑنا۔

### **:**گریس کی کہانی

فضل اندھیرے میں اکیلا روتا تھا، یہ سوچ کر کہ کسی نے دیکھا نہیں۔ ایک رات اس نے یہ آیت پڑھی اور محسوس کیا: "خدا ہمیشہ موجود تھا۔ "میں نے کبھی غور نہیں کیا۔

### **:**عقیدتی بصیرت

تنہائی مسترد کے سب سے بلند جھوٹ میں سے ایک ہے۔ لیکن حقیقت یہ ہے کہ خدا آپ کے ساتھ ہے — خاموشی میں، درد میں، نامعلوم میں۔

وہ ایمانوئل ہے، خدا ہمارے ساتھ ہے ، نہ صرف اچھے وقتوں میں، بلکہ ہر ٹوٹی ہوئی جگہ پر۔

## :عکاسی کے سوالات

1. کیا آپ نے کبھی یقین کیا ہے کہ آپ واقعی تنہا تھے؟
2. کن طریقوں سے آپ اپنے ساتھ خُدا کی موجودگی سے زیادہ واقف ہو سکتے ہیں؟

## :دعا کا اعلان

خدا، مجھے کبھی نہیں چھوڑنے کے لئے آپ کا شکریہ. یہاں تک کہ جب میں نے تنہا محسوس کیا، آپ وہاں تھے۔ ہر موسم میں تجھے دیکھنے کے لیے میری آنکھیں کھولیں۔ آمین

## :جرنل پرامپٹ

اس لمحے پر غور کریں جس کے بارے میں آپ نے سوچا تھا کہ آپ اکیلے ہیں، لیکن پیچھے کی نظر میں، خدا موجود تھا۔ اس یادداشت کی وضاحت کریں اور اس نے آپ کو کیا سکھایا۔

نوٹس:

# دن 13: بغیر کسی شرط کے پیار کیا۔

## صحیفہ (NLT):

لیکن خُدا نے مسیح کو ہمارے لیے مرنے کے لیے بھیج کر ہمارے'' لیے اپنی عظیم محبت ظاہر کی جب کہ ہم ابھی تک گنہگار تھے۔'' – رومیوں 5:8

## مائیکل کی کہانی:

مائیکل نے ہمیشہ محسوس کیا کہ اسے محبت حاصل کرنی ہے — کارکردگی، کمال، اور دکھاوا کے ذریعے۔ جب وہ ناکام ہو گیا تو اسے مسترد ہونے کی توقع تھی۔ لیکن خُدا کی محبت میں کبھی کمی نہیں آئی۔

## گریس کی کہانی:

گریس نے خدا کے پاس آنے سے پہلے خود کو ٹھیک کرنے کی کوشش کی۔ پھر ایک دن اسے احساس ہوا، "وہ مجھ سے پہلے ہی پیار کرتا تھا... اس سے پہلے کہ میں اسے اکٹھا کروں۔"

## عقیدتی بصیرت:

خدا کی محبت آپ کے کمال پر مبنی نہیں ہے - یہ اس کے فضل میں لنگر انداز ہے ۔ آپ کو آپ کے بدترین دن پر اتنا ہی پیار کیا جاتا ہے جتنا آپ کے بہترین دن۔

— خُدا کو آپ سے زیادہ پیار کرنے کے لیے آپ کچھ نہیں کر سکتے اور آپ نے ایسا کچھ بھی نہیں کیا ہے جو اُس کو آپ سے کم پیار کرے۔

## :عکاسی کے سوالات

1. آپ نے کن طریقوں سے محبت "کمانے" کی کوشش کی ہے—لوگوں سے یا خدا سے؟
2. کیا آپ اس وقت بھی محبت حاصل کر سکتے ہیں جب آپ اپنے آپ کو نااہل محسوس کریں؟

## :دعا کا اعلان

باپ، میں بغیر کسی شرط کے مجھ سے محبت کرنے کے لیے آپ کا شکریہ ادا کرتا ہوں۔ میری مدد کریں کہ میں کوشش کرنا چھوڑوں اور اپنی کامل محبت میں آرام کرنا شروع کر دوں۔ میں آج اسے کھلے دل سے قبول کرتا ہوں۔ آمین

## :جرنل پرامپٹ

خدا کی طرف سے آپ کو ایک خط لکھیں جو شروع ہوتا ہے، "میں تم سے پیار کرتا ہوں کیونکہ..." اسے ایمانداری اور فضل کے ساتھ بہنے دیں۔

نوٹس:

# دن 14: جڑیں، مسترد نہیں

## صحیفہ (NLT):

– "اپنی جڑیں اُس میں اُگنے دیں، اور اپنی زندگی اُس پر استوار کریں۔"
aکلسیوں 2:7

## مائیکل کی کہانی:

مائیکل اکثر اپنی شناخت لوگوں کی رائے پر مبنی کرتا تھا—اچھے یا بُرے۔ لیکن جب اس نے اپنے آپ کو مسیح میں جڑ دیا، تو اس نے ایک استحکام پایا جسے وہ کبھی نہیں جانتا تھا کہ اس کی ضرورت ہے۔

## گریس کی کہانی:

گریس اس بات پر منحصر ہے کہ وہ کون ہے اس کو تبدیل کرتا تھا کہ وہ کس کے آس پاس ہے۔ لیکن وہ اس وقت بڑھنے لگی جب اس نے خود سے پوچھا، "میں کون ہوں جب یہ صرف میں اور خدا ہوں؟"

## عقیدتی بصیرت:

جب آپ کی شناخت کی جڑیں مسترد ہوتی ہیں، تو زندگی غیر مستحکم محسوس ہوتی ہے۔ لیکن جب آپ مسیح میں اپنی قدر کو لنگر انداز کرتے ہیں، طوفان آتے ہیں—لیکن وہ آپ کو نہیں ہلاتے ہیں۔

اپنی جڑیں خدا کی محبت اور سچائی میں گہرائی تک بڑھنے دیں۔ اسی جگہ آپ کو سلامتی اور طاقت ملے گی ۔

## :عکاسی کے سوالات

1. آپ اپنی شناخت کہاں سے لگا رہے ہیں—خدا کا کلام یا لوگوں کی منظوری؟
2. کون سے طرز عمل آپ کو مسیح میں جڑے رہنے میں مدد کر سکتے ہیں؟

## :دعا کا اعلان

خُداوند، مجھے اپنے اندر گہرائی سے پودے لگا۔ میں لوگوں کو خوش کرنے اور موازنہ کرنے والی اتلی مٹی کو مسترد کرتا ہوں۔ تیری سچائی میں میری جڑیں مضبوط ہونے دیں۔ آمین

## :جرنل پرامپٹ

بنیادی سچائیوں" کی ایک فہرست بنائیں - بنیادی صحیفے یا اثبات جو" آپ کو یاد دلاتے ہیں کہ آپ مسیح میں کون ہیں۔

نوٹس:

# دن 15: داغ سے کہانی تک

## :صحیفہ (NLT)

”تم نے مجھے نقصان پہنچانے کا ارادہ کیا تھا، لیکن اللہ نے یہ سب بھلائی کے لیے کیا، اس نے مجھے اس مقام تک پہنچایا تاکہ میں بہت سے لوگوں کی جان بچا سکوں۔“ —پیدائش 50:20

## :مائیکل کی کہانی

مائیکل کا سب سے بڑا زخم اس کا سب سے بڑا پیغام بن گیا۔ اب وہ دوسروں کو والد کے زخموں سے شفا دینے میں مدد کرتا ہے، انہیں یاد دلاتے ہوئے، "اگر خدا مجھے شفا دے سکتا ہے، تو وہ آپ کو شفا دے سکتا ہے"۔

## :گریس کی کہانی

فضل نے دھوکہ دہی سے شفا یابی کے بارے میں ایک بلاگ شروع کیا۔ جس نے اسے کبھی خاموش کیا تھا اب اسے آواز دی ہے۔ اس کا داغ کسی اور کی امید کا نشان بن گیا۔

## :عقیدتی بصیرت

آپ کے نشانات شرمناک نہیں ہیں - وہ زندہ رہنے کا ثبوت ہیں ۔ خدا درد کو ضائع نہیں کرتا۔ وہ اسے بدل دیتا ہے۔ آپ کی شفایابی دوسروں کے لیے مینار بن جاتی ہے۔

آپ کو صرف آپ کے لیے بحال نہیں کیا جا رہا ہے بلکہ ہر ایک کے لیے آپ کی کہانی چھو جائے گی۔

## :عکاسی کے سوالات

1. خدا دوسروں کی مدد کے لیے کن تکلیف دہ تجربات کو استعمال کرنا چاہتا ہے؟
2. کیا آپ اسے اپنے داغوں کو نجات کی کہانیوں میں بدلنے دینے کے لیے تیار ہیں؟

## :دعا کا اعلان

خداوند، میرے درد کو استعمال کرنے کے لئے آپ کا شکریہ۔ میں اپنے زخموں کو تجھے پیش کرتا ہوں — انہیں اپنے جلال کے لیے چھڑا دو۔ میری شفاء کو دوسروں کے لیے نور بنا۔ آمین

## :جرنل پرامپٹ

اپنی گواہی کو ایک صفحے پر لکھیں — زندگی پہلے کیسی تھی، کیا ہوا، اور خدا آپ کو اب کیسے شفا دے رہا ہے۔

نوٹس:

# دن 16: معافی کے ذریعے شفاء

## :(AMP) صحیفہ

،ایک دوسرے کے ساتھ مہربان اور مددگار بنو، نرم دل [ہمدرد" سمجھدار]، ایک دوسرے کو معاف کرو، جیسا کہ خدا نے مسیح میں بھی تمہیں معاف کیا ہے۔" —افسیوں 4:32

## :مائیکل کی کہانی

مائیکل نے برسوں تک اپنی ماں پر غصہ رکھا۔ لیکن اسے احساس ہوا کہ معافی اس کے مستقبل کو زہر دے رہی ہے۔ اسے رہا کرنے سے ماضی نہیں بدلا — لیکن اس نے اس کے دل کو ٹھیک کر دیا۔

## :گریس کی کہانی

فضل نے کسی کو معاف کر دیا جس نے کبھی معافی نہیں مانگی۔ اس نے سیکھا کہ معافی ان کی آزادی کے لیے نہیں تھی - یہ اس کے لیے تھی۔

## :عقیدتی بصیرت

معافی ایک ایسا وزن ہے جو رد کو جڑ سے اکھاڑ پھینکتا ہے۔ لیکن جب آپ معاف کرتے ہیں، تو آپ ان زنجیروں کو توڑ دیتے ہیں جو آپ کو ماضی سے باندھ دیتی ہیں۔

معافی یہ نہیں کہہ رہی ہے کہ "یہ ٹھیک تھا" - یہ کہہ رہا ہے "میں آپ "کو رہا کرتا ہوں تاکہ میں آزاد ہو سکوں۔

## عکاسی کے سوالات:

1. کیا کوئی ایسا ہے جسے آپ نے معاف کرنے کے لیے جدوجہد کی ہو؟ کیوں؟
2. اس بوجھ کے بغیر آپ کا دل کیا محسوس کرے گا؟

## دعا کا اعلان:

خداوند، میں معاف کرنے کا انتخاب کرتا ہوں۔ میں درد، غصہ، بدلہ لینے کی ضرورت کو رہا کرتا ہوں۔ مجھے آپ پر بھروسہ ہے کہ آپ انصاف اور شفاء فراہم کریں گے۔ مجھے یسوع کے نام پر آزاد کرو۔ آمین

## جرنل پرامپٹ:

معافی کا خط لکھیں (آپ کو اسے بھیجنے کی ضرورت نہیں ہے)۔ اپنے دل کو باہر نکالو اور جس چیز نے آپ کو باندھ رکھا ہے اسے چھوڑ دو۔

:نوٹس

## دن **17:** باپ کی محبت کو گلے لگانا

### صحیفہ **(NLT):**

دیکھو ہمارا باپ ہم سے کتنا پیار کرتا ہے، کیونکہ وہ ہمیں اپنے بچے"
aکہتا ہے، اور ہم وہی ہیں!" – 1 یوحنا 3:1

### مائیکل کی کہانی**:**

مائیکل کا ایک دور دراز کا زمینی باپ تھا، اس لیے اس نے فرض کیا کہ خدا وہی ہے۔ لیکن وقت کے ساتھ، اس نے ایک آسمانی باپ کو دریافت کیا جو ٹھہرا، سنتا اور پیار کرتا تھا۔

### گریس کی کہانی**:**

،گریس اپنے والد کو کبھی نہیں جانتی تھی۔ لیکن ایک صبح عبادت میں اس نے اپنے گرد بازو لپیٹے ہوئے محسوس کیے — حالانکہ وہاں "کوئی نہیں تھا۔ وہ جانتی تھی: "وہ ابا فادر تھے۔

### عقیدتی بصیرت**:**

باپ کی محبت رد کی نئی تعریف کرتی ہے۔ جہاں دوسرے چلے گئے وہاں خدا رہتا ہے۔ جہاں دوسروں نے آپ کو نظر انداز کیا، خدا نے آپ کو منتخب کیا۔

تم یتیم نہیں ہو۔ آپ کو اپنایا جاتا ہے، قبول کیا جاتا ہے اور آپ کو پسند کیا جاتا ہے ۔

## :عکاسی کے سوالات

1. خدا باپ کے بارے میں آپ کا کیا نظریہ ہے؟ کیا یہ سچائی یا ماضی کے زخموں کی عکاسی کرتا ہے؟
2. اگر آپ ایک پیارے بچے کی طرح رہتے ہیں تو آپ کی زندگی کیسے بدلے گی؟

## :دعا کا اعلان

ابا باپ، آپ کی محبت حاصل کرنے میں میری مدد کریں — ایک خیال کے طور پر نہیں، بلکہ ایک حقیقت کے طور پر۔ تیرے بارے میں میری تصویر کو شفا بخش۔ مجھے اپنی آغوش میں آرام کرنے دو۔ آمین

## :جرنل پرامپٹ

جریدے کے اندراج کو اس طرح لکھیں جیسے خدا آپ کا کامل باپ آپ سے براہ راست بات کر رہا ہو۔

نوٹس:

# دن **18:** خود کو بحال کرنا

## **(NLT):** صحیفہ

مجھے اتنا پیچیدہ بنانے کے لیے آپ کا شکریہ! آپ کی کاریگری"
شاندار ہے - میں اسے کتنی اچھی طرح جانتا ہوں۔" – زبور 139:14

## **:**مائیکل کی کہانی

مائیکل نے کبھی "کافی" محسوس نہیں کیا۔ لیکن جب اس نے مطالعہ کیا کہ خدا نے اسے کس طرح جان بوجھ کر ڈیزائن کیا ہے، تو اس نے کوئی اور بننے کی کوشش کرنا چھوڑ دی اور اس کو گلے لگا لیا کہ وہ کون ہے۔

## **:**گریس کی کہانی

گریس نے آئینے میں دیکھا اور کہا، "میری غلطیاں نہیں ہیں۔" اس لمحے سے اس کی عزت نفس کی طرف واپسی کا سفر شروع ہوا۔

## **:**عقیدتی بصیرت

مسترد ہونے سے نقصان ہوتا ہے کہ آپ اپنے آپ کو کیسے دیکھتے ہیں۔ لیکن خدا کی سچائی آپ کی قدر کو دوبارہ بناتی ہے۔ آپ ڈسپوزایبل نہیں ہیں۔ آپ شاندار، جان بوجھ کر اور قیمتی ہیں -

## عکاسی کے سوالات:

1. آپ نے اپنی قدر کے بارے میں کون سے جھوٹ پر یقین کیا ہے؟
2. زبور 139 اس بارے میں کیا ظاہر کرتا ہے کہ خدا آپ کو کس طرح دیکھتا ہے؟

## دعا کا اعلان:

خدا، میری عزت نفس کو بحال کر۔ مجھے اس سے محبت کرنا سکھاؤ جو تم نے پیدا کیا ہے — مجھے۔ شرم کی آواز کو خاموش کر دے، اور مجھے اس کی بجائے اپنی خوشی سننے دو۔ آمین

## جرنل پرامپٹ:

اپنے بارے میں 5 چیزوں کی فہرست بنائیں جو آپ پسند کرتے ہیں (یا پیار کرنا چاہتے ہیں) - جسم، دماغ، روح، یا روح۔

نوٹس:

# دن 19: صحت مند حدود کی تعمیر

## صحیفہ (AMP):

"سب سے بڑھ کر، اپنے دل کی حفاظت کرو، کیونکہ تم جو کچھ کرتے ہو اس سے نکلتا ہے۔" —امثال 4:23

## مائیکل کی کہانی:

مائیکل نے مسترد ہونے سے بچنے کے لیے ہمیشہ "ہاں" کہا۔ لیکن وہ سوکھا ہوا، تلخ اور تھک گیا۔ "نہیں" کہنا سیکھنا اس نے اب تک کی سب سے پیاری چیز تھی۔

## گریس کی کہانی:

گریس نے لوگوں کو اس کے اوپر چلنے دیا - جب تک کہ اسے احساس نہ ہو کہ اس کی مہربانی کمزوری نہیں تھی، بلکہ تحفظ کی ضرورت تھی۔ اس نے حدود طے کیں اور امن پایا۔

## عقیدتی بصیرت:

اپنے دل کی حفاظت کرنا سیکھنا ۔ حدود لوگوں کو باہر رکھنے کے لیے دیواریں نہیں ہیں — وہ دروازے ہیں جو آپ کے امن کی حفاظت کرتے ہیں اور آپ کی قدر کا احترام کرتے ہیں۔

حدود کہتے ہیں: "میں تم سے پیار کرتا ہوں اور میں بھی مجھ سے پیار کرتا ہوں۔"

## عکاسی کے سوالات:

1. آپ کی زندگی میں آپ کو بہتر حدود کی ضرورت کہاں ہے؟
2. کیا ایسے رشتے ہیں جہاں مسترد ہونے کے خوف نے آپ کو اپنے سکون سے سمجھوتہ کیا ہے؟

## دعا کا اعلان:

خُداوند، اپنی عزت کر کے تیری عزت میں میری مدد کریں۔ مجھے سکھائیں کہ جب ضرورت ہو نہ کہوں اور ہاں جب یہ درست ہو۔ مجھے محبت کے ساتھ حدود طے کرنے کی طاقت عطا فرما۔ آمین

## جرنل پرامپٹ:

ایک ذاتی حدود کا نقشہ بنائیں—کیا ٹھیک ہے، کیا ٹھیک نہیں ہے، اور آپ کو محفوظ اور مکمل محسوس کرنے کے لیے کس چیز کی ضرورت ہے۔

نوٹس:

## دن **20:** اپنی نئی شناخت میں کھڑا ہونا

### صحیفہ **(AMP):**

لہٰذا اگر کوئی مسیح میں ہے [یعنی پیوند کیا گیا، اُس میں نجات دہندہ'' کے طور پر ایمان لا کر اُس کے ساتھ جڑا ہوا ہے]، تو وہ ایک نئی مخلوق ہے [روح القدس سے دوبارہ پیدا ہوا اور تجدید ہوا]...'' – 2 کرنتھیوں 5:17

### مائیکل کی کہانی**:**

مائیکل نے اب خود کو "مسائل والے آدمی" کے طور پر متعارف نہیں کرایا۔ اس نے کہا، "میں چھڑایا گیا ہوں، بحال ہوا ہوں، اور ایک مشن پر ہوں۔"

### گریس کی کہانی**:**

گریس نے چھوٹا کھیلنا چھوڑ دیا۔ وہ یہ جان کر کمروں میں چلی گئی کہ اسے چنا گیا تھا — اس لیے نہیں کہ وہ کون تھی — بلکہ اس لیے کہ وہ کس کی تھی۔

### عقیدتی بصیرت**:**

مسترد نے آپ کی شناخت کی وضاحت کرنے کی کوشش کی۔ لیکن چھٹکارا اسے دوبارہ لکھتا ہے ۔ آپ ٹوٹے، مسترد یا بھولے نہیں ہیں۔

آپ خُدا کے بچے ہیں — بحال، تجدید، اور چمکدار۔

## عکاسی کے سوالات:

1. اب آپ اپنی شناخت کیسے بیان کریں گے؟
2. روزانہ کی کون سی عادات آپ کو اپنی نئی شناخت میں مضبوط رہنے میں مدد کرتی ہیں؟

## دعا کا اعلان:

یسوع، میں مکمل طور پر اس شناخت میں قدم رکھتا ہوں جو آپ نے مجھے دی ہے۔ میں ہر جھوٹے نشان کو پیچھے چھوڑتا ہوں اور تیرے محبوب کی طرح دلیری سے چلتا ہوں۔ میری زندگی کو تیرے جلال کی عکاسی کرنے دو۔ آمین

## جرنل پرامپٹ:

ایک پیراگراف میں مسیح میں اپنی شناخت کا اعلان کریں۔ اسے دلیری سے بولیں اور اسے وہاں رکھیں جہاں آپ اسے روزانہ پڑھ سکتے ہیں۔

نوٹس:

# دن **21:** اپنی آواز کا دوبارہ دعوی کرنا

## **:(NLT)** صحیفہ

زبان موت یا زندگی دے سکتی ہے؛ جو لوگ بات کرنا پسند کرتے ہیں"
وہ اس کے نتائج بھگتتے ہیں۔" —امثال ۱۸:۲۱

## **:**مائیکل کی کہانی

مائیکل نے امن قائم رکھنے کے لیے خود کو خاموش کر لیا تھا۔ لیکن اسے احساس ہوا کہ اس کی آواز کی قدر ہے۔ جب اس نے بولنا شروع کیا تو اس کی گواہی دوسروں کو آزاد کرنے لگی۔

## **:**گریس کی کہانی

فضل ہمیشہ دوسروں کو اس کے لیے بولنے دیتا ہے۔ لیکن جس دن اس نے اپنی کہانی عوامی طور پر سنائی، وہ رو پڑی — شرم سے نہیں بلکہ شفا سے۔

## **:**عقیدتی بصیرت

مسترد اکثر ہماری آواز کو چھین لیتا ہے۔ لیکن شفا یابی اسے بحال کرتی ہے۔ آپ کی کہانی اہم ہے۔ آپ کی آواز میں طاقت اور شفا ہے—اپنے اور دوسروں کے لیے۔

اب آپ بے آواز نہیں رہے۔ آپ امید کے پیامبر ہیں ۔

## :عکاسی کے سوالات

1. کیا آپ نے اپنی آواز کو خوف یا ماضی کے انکار سے خاموش کر دیا ہے؟
2. آپ کے شفا یابی کے سفر نے آپ کو کس پیغام کا اشتراک کرنے کے لیے لیس کیا ہے؟

## :دعا کا اعلان

ابا جان، میری مدد کریں۔ میری آواز کو بحال کریں اور جو کچھ آپ نے کیا ہے مجھے اس کا اشتراک کرنے کی ہمت دیں۔ میری کہانی کو دوسروں تک آزادی دلانے دو۔ آمین

## :جرنل پرامپٹ

اپنی گواہی کا ایک مختصر ورژن لکھیں - آپ کس جگہ سے آئے ہیں اور خدا آپ کو کہاں لے جا رہا ہے۔

نوٹس:

# دن 22: ماضی کی غلطیوں کا ازالہ

## صحیفہ (AMP):

"اور ہم جانتے ہیں [بڑے اعتماد کے ساتھ] کہ خُدا [جو ہمارے بارے میں گہری فکر رکھتا ہے] ہر چیز کو ایک ساتھ کام کرنے کا سبب بناتا ہے [ایک منصوبہ کے طور پر] بھلائی کے لیے..." - رومیوں 8:28

## مائیکل کی کہانی:

مائیکل کا خیال تھا کہ اس کے ماضی نے اسے نااہل کر دیا ہے۔ لیکن خُدا نے اپنی ناکامیوں کو اپنے بلانے کی بنیاد کے طور پر استعمال کیا۔

## گریس کی کہانی:

گریس نے سوچا کہ اس کے ٹوٹے ہوئے رشتوں کی تاریخ نے اسے ناقابل استعمال بنا دیا ہے۔ لیکن خُدا نے اُس کے درد کو دوسروں کے لیے شفا یابی کی وزارت میں بدل دیا۔

## عقیدتی بصیرت:

مسترد ہونے سے اکثر ہمیں پچھتاوا ہو جاتا ہے۔ لیکن خدا کچھ بھی ضائع نہیں کرتا — یہاں تک کہ ہماری ناکامیاں بھی نہیں۔ وہ ہماری کہانیوں کو چھڑاتا، بحال کرتا اور دوبارہ لکھتا ہے۔

کوئی چیز اس کے فضل سے باہر نہیں ہے۔

## :عکاسی کے سوالات

1. ماضی کی کون سی غلطیاں اب بھی آپ کو شرمندہ کرتی ہیں؟
2. خدا ان تجربات کو اپنے جلال کے لیے کیسے استعمال کرنا چاہتا ہے؟

## :دعا کا اعلان

خُداوند، تیرا شکر ہے کہ کوئی بھی چیز مجھے تیری محبت سے محروم نہیں کرتی۔ میرا ماضی چھڑا دو۔ میری کہانی کو بھلائی کے لیے استعمال کرو اور میری ٹوٹ پھوٹ سے خوبصورتی پیدا کرو۔ آمین

## :جرنل پرامپٹ

اپنے ماضی کے ایک پچھتاوے پر غور کریں۔ خدا سے پوچھیں کہ وہ آپ کو دکھائے کہ وہ اسے کیسے چھڑا رہا ہے۔

نوٹس:

# دن 23: اندرونی سکون حاصل کرنا

## صحیفہ (NLT):

"میں آپ کو ایک تحفہ دے کر چھوڑ رہا ہوں - دماغ اور دل کا سکون۔ اور جو سکون میں دیتا ہوں وہ ایک تحفہ ہے جو دنیا نہیں دے سکتی..."
جان 14:27 -

## مائیکل کی کہانی:

مائیکل پریشانی اور دوسرے اندازے سے دوچار تھا۔ لیکن خُدا کی موجودگی میں، اُس نے ایک خاموشی پائی جس نے اُسے لنگر انداز کر دیا۔

## گریس کی کہانی:

فضل خاموشی سے بچنے کے لیے مصروف رہتا تھا۔ لیکن جب وہ آخر کار سست ہو گئی تو اسے سکون مل گیا۔

## عقیدتی بصیرت:

مسترد کرنا اندرونی انتشار پیدا کرتا ہے — لیکن یسوع اندرونی سکون دیتا ہے۔ امن تنازعات کی عدم موجودگی نہیں ہے - یہ مسیح کی موجودگی ہے۔

آپ اس میں محفوظ ہیں۔

## :عکاسی کے سوالات

1. کیا چیز اکثر آپ کا سکون چراتی ہے؟
2. آپ روزانہ خدا کا سکون حاصل کرنے کے لیے جگہ پیدا کرنے کے لیے کیا کر سکتے ہیں؟

## :دعا کا اعلان

یسوع، میری سلامتی ہو. میرے اندر کے ہر طوفان کو خاموش کر دو۔ تیرا سکون میرا ماحول بن جائے۔ مجھے وہ سکون ملتا ہے جو صرف آپ ہی دے سکتے ہیں۔ آمین

## :جرنل پرامپٹ

اس ہفتے کے ایک لمحے کی وضاحت کریں جب آپ نے سکون محسوس کیا۔ اس لمحے میں کیا حصہ ڈالا؟

نوٹس:

## دن **24:** ایک معاون کمیونٹی کو فروغ دینا

### **(AMP):** صحیفہ

ایک سے دو بہتر ہیں... کیونکہ اگر ان میں سے کوئی بھی گر جائے"
aتو وہ اپنے ساتھی کو اٹھا لے گا۔" – واعظ 9:4-10

### **:**مائیکل کی کہانی

مائیکل نے اکیلے ٹھیک کرنے کی کوشش کی، لیکن وہ مرتفع ہو گیا۔ جب اس نے مردوں کے گروپ میں شمولیت اختیار کی تو اسے مشترکہ جدوجہد میں طاقت ملی۔

### **:**گریس کی کہانی

گریس کو اعتماد کے مسائل تھے۔ لیکن آہستہ آہستہ، وہ خواتین کے ایک گروپ کے سامنے کھل گئی جو اس کی لائف لائن بن گئی۔

### **:**عقیدتی بصیرت

مسترد کرنا الگ تھلگ ہوجاتا ہے، لیکن بحالی کمیونٹی میں ہوتی ہے۔ آپ کو زندگی اکیلے کرنے کے لیے نہیں بنایا گیا تھا۔

محفوظ، معاون تعلقات آپ کے لیے خُدا کے شفا بخش منصوبے کا حصہ ہیں۔

## عکاسی کے سوالات:

1. کیا آپ کے پاس ایسے لوگ ہیں جو آپ کو روحانی اور جذباتی طور پر بلند کرتے ہیں؟
2. خدائی تعلقات استوار کرنے کے لیے آپ کیا اقدامات کر سکتے ہیں؟

## دعا کا اعلان:

اے رب، مجھے صحیح لوگوں کی طرف لے جا۔ آپ کے دل کی عکاسی کرنے والی کمیونٹی کو تلاش کرنے اور اس کی پرورش کرنے میں میری مدد کریں۔ میرے قربت کے خوف کو دور کر۔ آمین

## جرنل پرامپٹ:

ان لوگوں کی فہرست بنائیں جو آپ کے شفا یابی کے سفر کی حمایت کرتے ہیں۔ لکھیں کہ آپ ان کے بارے میں کیا شکر گزار ہیں۔ یا مستقبل کے رابطوں کے لیے دعا لکھیں۔

نوٹس:

## دن 25: شرم کے خلاف جنگ کا اعلان

### :(NLT) صحیفہ

لہٰذا اب اُن کے لیے کوئی سزا نہیں جو مسیح یسوع سے تعلق رکھتے'' ہیں۔'' —رومیوں 8:1

### :مائیکل کی کہانی

مائیکل کے ماضی نے اسے پریشان کیا یہاں تک کہ اس نے ایک دن چیخا، "میں وہ نہیں ہوں جو میں تھا — میں وہی ہوں جو وہ کہتا ہے کہ میں ہوں!" شرم نے اسی لمحے اس کی زندگی اجیرن کر دی۔

### :گریس کی کہانی

گریس نے شرمندگی کو دوسری جلد کی طرح پہنا - یہاں تک کہ وہ آئینے کے سامنے کھڑی ہو گئی اور کہا، "میں اپنے آپ کو معاف کر دیتی ہوں۔" پہلی بار وہ خود کو آزاد محسوس کر رہی تھی۔

### :عقیدتی بصیرت

،شرم کہتی ہے، "تم نااہل ہو۔" لیکن یسوع کہتا ہے، ''تمہیں معاف کیا گیا ''پیار کیا گیا اور نیا بنایا گیا۔

تمہیں اب شرم سے جینے کی ضرورت نہیں ہے۔ صلیب کا آخری لفظ ہے۔

## :عکاسی کے سوالات

1. آپ کی زندگی کے کون سے شعبے اب بھی شرم سے دبے ہوئے ہیں؟
2. رومیوں 8:1 آپ کے بارے میں کیا سچائی کا اعلان کرتا ہے؟

## :دعا کا اعلان

یسوع، میں شرم کو مسترد کرتا ہوں۔ میں تیری بخشش اور فضل حاصل کرتا ہوں۔ میں مجرم نہیں ہوں - میں پاک، منتخب، اور آپ میں مکمل ہوں. آمین

## :جرنل پرامپٹ

اپنے ماضی کے نام ایک خط لکھیں - محبت، فضل اور اثبات سے بھرپور۔

نوٹس:

# دن 26: اپنی حقیقی شناخت کو اپنانا

## صحیفہ (AMP):

لیکن آپ ایک منتخب نسل، ایک شاہی کہانت، ایک مقدس قوم، ایک" [خصوصی] لوگ ہیں جو خدا کی ملکیت کے لیے ہیں..." - 1 پطرس 2:9

## مائیکل کی کہانی:

مائیکل نے بہت سے لیبل پہن رکھے تھے — ناکامی، مایوسی، غلطی۔ لیکن مسیح میں، اس نے دریافت کیا کہ وہ شاہی تھا، ملبہ نہیں تھا۔

## گریس کی کہانی:

گریس ان لیبلز کے تحت رہتی تھی جو دوسروں نے اس پر لگائے تھے۔ لیکن جب اس نے اپنی شناخت خدا کی بیٹی کے طور پر قبول کی تو اس کا چہرہ بدل گیا۔

## عقیدتی بصیرت:

مسترد ہمیں نام دینے کی کوشش کرتا ہے — لیکن خدا پہلے ہی رکھتا ہے۔ وہ ہمیں چُنا ہوا، پیارا، مکمل، اپنا کہتا ہے۔ آپ اپنا ماضی نہیں ہیں۔ تم وہ نہیں ہو جو انہوں نے کہا۔

تم وہی ہو جو وہ کہتا ہے کہ تم ہو۔

## :عکاسی کے سوالات

1. آپ نے اپنے بارے میں کون سے منفی لیبلز قبول کیے ہیں؟
2. خدا آپ کی شناخت کے بارے میں کیا کہتا ہے؟

## :دعا کا اعلان

باپ، میں ہر جھوٹی شناخت کو مسترد کرتا ہوں۔ میں اسے قبول کرتا ہوں جسے آپ کہتے ہیں کہ میں ہوں — پیارا، چنا ہوا، اور قیمتی۔ میری پہچان آپ میں جڑی رہنے دو۔ آمین

## :جرنل پرامپٹ

ایک اعلان لکھیں کہ آپ مسیح میں کون ہیں۔ ہر صبح اسے بلند آواز سے بولیں۔

نوٹس:

# دن 27: معافی میں چلنا

## صحیفہ (NLT):

"ایک دوسرے کے عیبوں کا ازالہ کریں... یاد رکھیں، رب نے آپ کو معاف کیا، اس لیے آپ کو دوسروں کو معاف کرنا چاہیے۔" —کلسیوں 3:13

## مائیکل کی کہانی:

مائیکل نے اپنے والد کی طرف تلخی رکھی۔ لیکن جب اُس نے اُسے معافی کے ساتھ رہا کیا تو اُس کی اپنی زندگی میں شفاء میں تیزی آگئی۔

## گریس کی کہانی:

گریس نے اپنی ماں کو ایک خط لکھا جس نے کبھی اس کی تصدیق نہیں کی۔ اگرچہ اس نے اسے کبھی نہیں بھیجا، معافی نے اس کے دل کو سیلاب کردیا۔

## عقیدتی بصیرت:

معافی تکلیف کو معاف نہیں کر رہی ہے - یہ غلامی پر آزادی کا انتخاب کر رہی ہے۔ کڑواہٹ کی زنجیریں اٹھاتے ہوئے آپ بحالی میں نہیں چل سکتے۔

آپ کے لیے ہے -

## :عکاسی کے سوالات

1. ـــ آپ کو اب بھی کس کو معاف کرنے کی ضرورت ہے حقیقی طور پر؟
2. اسے جانے سے آپ کو کیا روک رہا ہے؟

## :دعا کا اعلان

خداوند، میں معاف کرنے کا انتخاب کرتا ہوں۔ میں زخمی اور شخص کو رہا کرتا ہوں۔ میرے زخموں کو مندمل کر جب میں تیری اطاعت کرتا ہوں۔ مجھے آزادی میں چلنے کی توفیق عطا فرما۔ آمین

## :جرنل پرامپٹ

کسی ایسے شخص کے لیے معافی کی دعا لکھیں جس نے آپ کو گہرا دکھ پہنچایا ہو۔

نوٹس:

# دن 28: دلیری کے ساتھ مقصد کی پیروی کرنا

## صحیفہ (NLT):

کیونکہ ہم خُدا کا شاہکار ہیں۔ اُس نے ہمیں مسیح یسوع میں نئے سرے" سے پیدا کیا ہے، تاکہ ہم اُن اچھے کام کر سکیں جو اُس نے ہمارے لیے منصوبہ بنایا تھا..." -افسیوں 2:10

## مائیکل کی کہانی:

مائیکل نے کبھی نہیں سوچا تھا کہ خدا اسے استعمال کر سکتا ہے۔ لیکن — اب، وہ ٹوٹے پھوٹے گھروں کے نوجوانوں کی رہنمائی کرتا ہے جیسے وہ پہلے تھا۔

## گریس کی کہانی:

گریس نے عدم تحفظ سے لڑنے والی خواتین کے لیے ایک سپورٹ گروپ شروع کیا۔ اس کا درد اس کا پلیٹ فارم بن گیا۔

## عقیدتی بصیرت:

ہمارے لئے ہمیں شفا نہیں دیتا ۔ وہ ہمیں شفا دیتا ہے تاکہ ہم دوسروں کو شفا دینے میں مدد کرسکیں۔ آپ کی بحالی کسی اور سے منسلک ہے۔

آپ کو اثر کے لیے مسح کیا گیا ہے۔

## :عکاسی کے سوالات

1. تیرے درد سے کون سا جذبہ نکلا ہے؟
2. آپ اپنی کہانی کے ساتھ دوسروں کی خدمت کیسے شروع کر سکتے ہیں؟

## :دعا کا اعلان

باپ، میرے سفر کو اپنے جلال کے لیے استعمال کرو۔ مجھے دکھائیں کہ کس کی خدمت کرنی ہے اور کیسے۔ میری زندگی کو مقصد کے ساتھ چمکنے دو۔ آمین

## :جرنل پرامپٹ

تین طریقوں کی فہرست بنائیں جن سے آپ کا ماضی آج دوسروں کی مدد کر سکتا ہے۔ آپ اس ہفتے ایک پر عمل کرنے کے لیے کیا کریں گے؟

:نوٹس

# دن 29: غیر متزلزل زندگی گزارنا

## صحیفہ (AMP):

”تُو اُس کی حفاظت کرے گا اور اُسے کامل اور دائمی امن میں رکھے گا جس کا دماغ تجھ پر ٹھہرا ہوا ہے...“ – یسعیاہ 26:3

## مائیکل کی کہانی:

مائیکل مسترد ہونے پر گھبرا جاتا تھا۔ اب، مسترد ہونے نے اسے بند کر دیا ہے۔ اس کی شناخت کو منتقل نہیں کیا جا سکتا۔

## گریس کی کہانی:

فضل اب ترک کرنے سے متحرک نہیں ہوتا ہے۔ وہ جانتی ہے کہ وہ خُدا میں محفوظ ہے، اور اس امن کو چوری نہیں کیا جا سکتا۔

## عقیدتی بصیرت:

مکملیت کمال نہیں ہے۔ یہ طوفان میں امن ہے. جب آپ مسیح میں جڑ جاتے ہیں، تو مسترد کر سکتا ہے — لیکن یہ آپ کو جڑ سے اکھاڑ نہیں سکے گا۔

آپ پوری ہیں۔ آپ غیر متزلزل ہیں۔

## :عکاسی کے سوالات

1. ایسی کون سی صورتحال ہے جو آپ کو ہلا دیتی تھی، لیکن اب نہیں کرتی؟
2. جب زندگی غیر مستحکم ہو جاتی ہے تو آپ کا اینکر کیا ہوتا ہے؟

## :دعا کا اعلان

خُداوند، میں تیری مکملیت حاصل کرتا ہوں۔ تیری سلامتی میرے دل اور دماغ کی حفاظت کرے۔ مجھے اپنے اندر غیر متزلزل بنا۔ آمین

## :جرنل پرامپٹ

اس کے بارے میں لکھیں کہ آپ اس سفر کے پہلے دن سے کیسے بدلے ہیں۔

نوٹس:

# دن **30:** دوسروں کو ٹھیک کرنے کے لیے مقرر کیا گیا۔

## صحیفہ **(NLT):**

وہ ہماری تمام مصیبتوں میں ہمیں تسلی دیتا ہے تاکہ ہم دوسروں کو" تسلی دے سکیں..." - 2 کرنتھیوں 1:4

## **:**مائیکل کی کہانی

مائیکل نے کبھی لیڈر بننے کا تصور نہیں کیا تھا۔ لیکن اب وہ یہ بتاتے ہوئے سفر کر رہا ہے کہ خدا اپنے جیسے دلوں کو کیسے ٹھیک کرتا ہے۔

## **:**گریس کی کہانی

گریس صدمے سے صحت یاب ہونے والی خواتین کے لیے اعتکاف کی طرف جاتا ہے۔ اس کے نشانات اس کی مقدس پکار بن گئے۔

## **:**عقیدتی بصیرت

یہ اختتام نہیں ہے یہ ایک آغاز ہے۔ آپ کی بحالی کا سفر اب آپ کی وزارت ہے ۔ آپ کو بلایا گیا ہے ، لیس کیا گیا ہے ، اور بھیجا گیا ہے ۔

آپ شفاء کا برتن ہیں۔

## :عکاسی کے سوالات

1. کس کو ابھی آپ کی کہانی سننے کی ضرورت ہے؟
2. آپ جو شفا یابی حاصل کر چکے ہیں اس کے ساتھ آپ کیا کریں گے؟

## :دعا کا اعلان

باپ، مجھے بحال کرنے کے لیے آپ کا شکریہ۔ میں آپ کی کال وصول کرتا ہوں۔ مجھے روشنی اور اندھیرے میں دوسروں کے لیے امید کا برتن بنا۔ آمین

## :جرنل پرامپٹ

خدا کی طرف سے اپنا "کمیشننگ لیٹر" لکھیں۔ وہ تمہیں یہاں سے کیا کرنے کے لیے بلا رہا ہے؟

نوٹس:

# نتیجہ: بحالی سے مقصد تک

آپ بہت دور آئے ہیں۔ تیس دن پہلے، آپ نے اس سفر کا آغاز انکار کا بوجھ اٹھاتے ہوئے کیا تھا، کچھ زخم تازہ تھے، کچھ برسوں کی خاموشی کے نیچے دب گئے تھے۔ لیکن دن بہ دن، سچائی سے، آپ نے درد کا سامنا کیا ہے، اپنے دل کو کھولا ہے، اور خدا کو دعوت دی ہے کہ وہ ٹوٹی ہوئی چیزوں کو ٹھیک کرے۔

اب، کچھ بدل گیا ہے. اب آپ کی تعریف مسترد ہونے سے نہیں ہوتی ہے آپ کو چھٹکارا کے ذریعہ نشان زد کیا جاتا ہے - -

آپ سے محبت کی جاتی ہے — آپ نے جو کچھ کیا ہے اس کے لیے نہیں، بلکہ اس کے لیے جو آپ مسیح میں ہیں۔
آپ کو منتخب کیا گیا ہے —خدا کی طرف سے اس طرح کے وقت کے لیے چنا گیا ہے۔
آپ مکمل ہیں - اندر سے بحال، اب آپ اپنے ماضی کے قیدی نہیں ہیں۔

لیکن یہ اختتام نہیں ہے - یہ آپ کی نئی شروعات ہے۔

جب آپ اپنی زندگی کے اگلے سیزن میں قدم رکھتے ہیں، تو دُعا ہے کہ آپ نئے اعتماد، روحانی وضاحت، اور اٹل امن کے ساتھ چلیں۔ آپ کے نشانات آپ کی گواہی بننے دیں۔ اپنے درد کو اپنے مقصد کو ایندھن دیں۔ وہی خدا جس نے آپ کو شفا بخشی، تھی اب آپ کو دوسروں کے لیے شفا یابی کے آلے کے طور پر استعمال کرنے دیں۔

آپ کو شفا دینے والا بننے کے لئے شفا ملی ہے۔

کلام میں جاری رکھیں۔ کمیونٹی میں رہیں۔ اپنی کالنگ میں جھکاؤ۔ آپ کی فرمانبرداری کے دوسری طرف ابھی بھی زندگیاں منتظر ہیں ۔ آپ نے بحالی کا مزہ چکھ لیا ہے — اب اس میں رہو، اس میں بڑھو، اور اسے دنیا کے ساتھ بانٹیں۔

مسترد ہونے سے بحالی تک۔ ٹوٹنے سے پوری تک۔ زندہ رہنے سے پھلنے پھولنے تک۔
یہ اب آپ کی کہانی ہے۔

،ہمارے تمام دلوں کے ساتھ
Zacharias Godseagle سفیر پیر ؛ O. Ogbe & Comfort
Ladi Ogbe
God's Eagle Ministries – GEMs
www.otakada.org

پیار، چنا اور مکمل: مسترد ہونے سے بحالی تک 30 دن کا سفر

# بلی گراہم کے ذریعہ دوبارہ پیدا ہونے کا طریقہ

دوبارہ پیدا ہونے کا طریقہ

بذریعہ بلی گراہم

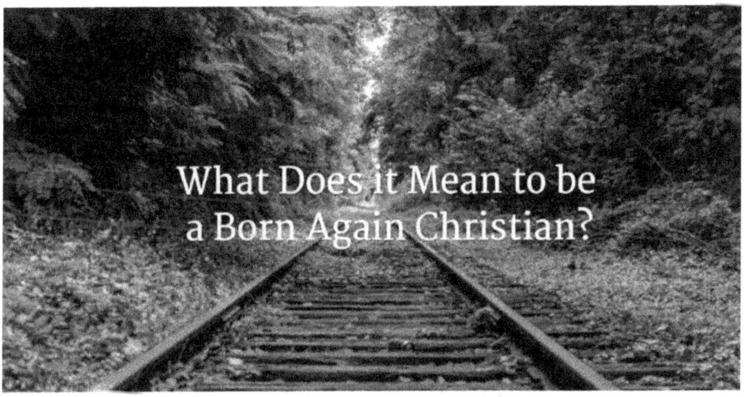


نیکدیمس نام کا ایک آدمی رات کو یسوع کے پاس آیا۔ شاید وہ تنقید سے خوفزدہ تھا یا وہ نجی گفتگو کی خواہش رکھتا تھا، یا ہو سکتا ہے کہ وہ خود کو یسوع مسیح کے حوالے کرنے سے پہلے مزید جاننا چاہتا ہو۔ کسی بھی صورت میں، وہ آیا اور یسوع سے کچھ سوالات پوچھے۔

یسوع نے اس کی طرف دیکھا اور کہا، "نیکودیمس، تمہیں نئے سرے سے جنم لینے کی ضرورت ہے" (سی ایف یوحنا 3:5)۔ درحقیقت، اُس ،نے کہا، ''واقعی، واقعی''—اور جب بھی یسوع نے یہ جملہ استعمال کیا اُس کا مطلب تھا کہ جس چیز کی پیروی کرنی تھی وہ بہت اہم تھی۔ اُس نے کہا، ''واقعی، میں تم سے سچ کہتا ہوں ... تمہیں نئے سرے سے پیدا ''ہونا چاہیے )3:5،7 یوحنا، KJV(-

کیا آپ دوبارہ پیدا ہوئے ہیں؟ اسے تبدیلی کہتے ہیں، اسے عزم کہتے ہیں، اسے توبہ کہتے ہیں، اسے نجات کہتے ہیں، لیکن کیا آپ کے ساتھ

ایسا ہوا ہے؟ کیا مسیح آپ کے دل میں رہتا ہے؟ کیا آپ اسے جانتے ہیں؟ بہت سے لوگوں نے مذہب اور عیسائیت کے بارے میں ایک طویل عرصے سے سوچا ہے اور ابھی تک کوئی عہد نہیں کیا ہے۔ کیا آپ یسوع مسیح سے وابستہ ہیں؟

نیکدیمس دنگ رہ گیا ہوگا جب یسوع نے کہا، ''تمہیں دوبارہ پیدا ہونا چاہیے۔'' یہ چونکانے والا نہیں لگتا اگر مسیح نے زکائی ٹیکس لینے والے یا صلیب پر چور یا زنا میں پکڑی گئی عورت کے بارے میں کہا ہوتا۔ لیکن نیکدیمس اپنے وقت کے عظیم مذہبی رہنماؤں میں سے ایک تھا۔ پھر بھی وہ حقیقت کی تلاش میں تھا۔

آپ گرجہ گھر جا سکتے ہیں، لیکن شاید آپ ابھی بھی تلاش کر رہے ہیں۔ آپ کے دل میں ایک خالی جگہ ہے، اور اندر کی کوئی چیز آپ کو بتاتی ہے کہ آپ واقعی خدا کے ساتھ ٹھیک نہیں ہیں۔ نیکدیمس ہفتے میں دو دن روزہ رکھتا تھا۔ ہر روز دو گھنٹے نماز میں گزارتے تھے۔ اس نے دسواں حصہ دیا۔ یسوع نے کیوں کہا کہ نیکدیمس کو دوبارہ پیدا ہونا چاہیے؟ کیونکہ وہ نیکدیمس کے دل کو پڑھ سکتا تھا۔ یسوع نے دیکھا کہ نیکدیمس نے اپنے آپ کو مذہب سے ڈھانپ لیا تھا لیکن اسے ابھی تک خدا کے ساتھ رفاقت نہیں ملی۔

## ہمارے مسائل کی جڑ

دنیا میں ہماری تمام پریشانیوں کی وجہ کیا ہے—جھوٹ اور دھوکہ دہی اور نفرت اور تعصب اور سماجی عدم مساوات اور جنگ؟ یسوع نے کہا، ''لیکن جو باتیں منہ سے نکلتی ہیں وہ دل سے نکلتی ہیں اور انسان کو ناپاک کرتی ہیں'' (متی 15:18)۔ انہوں نے کہا کہ مسئلہ ہمارے دلوں میں ہے۔ ہمارے دلوں کو تبدیل کرنے کی ضرورت ہے.

ماہر نفسیات، ماہرین سماجیات اور ماہر نفسیات سبھی تسلیم کرتے ہیں کہ بنی نوع انسان کے ساتھ کچھ غلط ہے۔ کلام پاک میں بہت سے الفاظ اس کی وضاحت کرتے ہیں۔ ان میں سے لفظ سرکشی ہے : ''گناہ قانون کی خلاف ورزی ہے'' (1 جان 3:4، KJV)۔ کونسا قانون؟ موسیٰ کا قانون دس احکام۔ کیا آپ نے کبھی ان میں سے ایک حکم کو توڑا ہے؟ پھر آپ ان سب کو توڑنے کے مجرم ہیں (جیمز 2:10)۔

لفظ گناہ اپنے ساتھ نشان کھو جانے، اپنے فرض سے کم ہونے، جو ہمیں کرنا چاہیے وہ کرنے میں ناکامی کا خیال رکھتا ہے۔ بائبل کہتی ہے، اور پھر بھی اس سے(KJV ،1 جان 5:17) ''تمام ناراستی گناہ ہے'' ۔ پہلے کہ ہم جنت میں پہنچ سکیں، ہمارے پاس راستبازی ہونی چاہیے۔ ''خُدا کہتا ہے، ''کامل بنو جیسا کہ میں کامل ہوں، جیسا میں پاک ہوں (متی 5:48، 1 پطرس 1:16)۔

ہم یہ کمال کہاں سے حاصل کریں گے؟ ہمارے پاس اب یہ نہیں ہے، پھر بھی اگر ہمارے پاس نہیں ہے تو ہم جنت میں نہیں جا سکتے۔ یہی وجہ ہے کہ مسیح صلیب پر مر گیا۔ اُس نے اپنا خون بہایا اور ہمارے لیے راستبازی فراہم کرنے کے لیے دوبارہ جی اُٹھا۔

ایک اور لفظ ہے بے انصافی جس کا مطلب ہے سیدھے راستے سے ہٹ جانا۔ یسعیاہ نے کہا، ''ہم سب بھیڑ بکریوں کی طرح بھٹک گئے ہیں، ہم ہر ایک اپنی اپنی راہ پر چلے گئے ہیں، اور خُداوند نے ہم سب کی بدکاری اُس پر ڈال دی ہے'' (اشعیا 53:6)۔

بائبل کہتی ہے، ''اس لیے، جس طرح ایک آدمی کے ذریعے گناہ دنیا میں داخل ہوا، اور گناہ کے ذریعے موت... اس طرح موت تمام آدمیوں میں پھیل گئی، کیونکہ سب نے گناہ کیا'' (رومیوں 5:12)۔ ہر فرد کو انقلابی تبدیلی کی ضرورت ہے۔ ہمیں اپنے گناہوں کو معاف کرنے کی ضرورت ہے۔ ہمیں خدا کی راستبازی میں ملبوس ہونے کی ضرورت ہے۔ اس زندگی میں تکمیل پانے کے لیے ہمیں اپنے آپ کو کرنے کے لیے کچھ تلاش کرنے کی ضرورت ہے۔ کیا آپ ایک پرعزم شخص ہیں؟ آپ کس چیز کے پابند ہیں؟ آپ مسیح کو اپنا مقصد کیوں نہیں بناتے اور اس کی پیروی کیوں نہیں کرتے؟ وہ آپ کو کبھی مایوس نہیں کرے گا۔

## نیا جنم

بعض لوگ سوال کرتے ہیں کہ نیا جنم کیا ہے؟ نیکودیمس نے یہ سوال بھی پوچھا تھا: ''ایک آدمی جب بوڑھا ہو جائے تو کیسے پیدا ہو سکتا ہے؟ وہ اسے سمجھنا چاہتا تھا۔

میں ایک ڈیری فارم میں پیدا ہوا اور پالا گیا۔ کالی گائے سبز گھاس کھا کر سفید دودھ اور پیلا مکھن کیسے پیدا کر سکتی ہے؟ مجھے یہ بات

سمجھ نہیں آتی۔ میں کہہ سکتا ہوں، "چونکہ میں اسے نہیں سمجھتا، میں پھر کبھی دودھ نہیں پیوں گا۔" اور آپ کہیں گے، "تم پاگل ہو"۔

میں اسے نہیں سمجھتا، لیکن میں اسے ایمان سے قبول کرتا ہوں۔
نیکدیمس صرف جسمانی اور مادی چیزوں کو دیکھ سکتا تھا، لیکن یسوع روحانی کے بارے میں بات کر رہا تھا۔

نیا جنم کیسے ہوتا ہے؟ ہم نئے جنم کے وارث نہیں ہو سکتے۔ بائبل کہتی ہے کہ جو لوگ نئے سرے سے پیدا ہوتے ہیں وہ ''نہ خون سے پیدا ہوئے، نہ جسم کی مرضی سے، نہ انسان کی مرضی سے بلکہ خدا کی طرف سے'' (یوحنا 1:13)۔ ہمارے والد اور مائیں دنیا میں دوبارہ پیدا ہونے والے عظیم ترین مسیحی ہو سکتے ہیں، لیکن یہ ہمیں دوبارہ پیدا ہونے والے مسیحی بھی نہیں بناتا ہے۔ بہت سے لوگوں کا خیال ہے کہ چونکہ وہ ایک عیسائی گھر میں پیدا ہوئے تھے، وہ خود بخود عیسائی ہو جاتے ہیں۔ وہ نہیں ہیں۔

ہم خدا کے لیے اپنے راستے پر کام نہیں کر سکتے۔ بائبل کہتی ہے کہ نجات ''ان راستبازی کے کاموں سے نہیں جو ہم نے کیے ہیں، بلکہ اپنی رحمت کے مطابق اُس نے ہمیں بچایا، تخلیق نو اور روح القدس کی تجدید کے ذریعے'' (ططس 3:5)۔

نہ ہی اصلاح کافی ہے۔ ہم کہہ سکتے ہیں، "میں ایک نیا پتا بدلنے جا رہا ہوں،" یا "میں نئے سال کی قراردادیں بنانے جا رہا ہوں۔" لیکن یسعیاہ نے کہا کہ خدا کی نظر میں ''ہماری تمام راستبازیاں گندے چیتھڑوں کی مانند ہیں'' (اشعیا 64:6)۔

ہم میں سے کچھ باہر سے کچھ سماجی معیارات یا رویے کے مطابق بدل گئے ہیں جن کی ہمارے گرجا گھروں میں توقع کی جاتی ہے، لیکن اندر سے ہم کبھی نہیں بدلے۔ اسی کے بارے میں یسوع نیکدیمس سے بات کر رہے تھے۔ اُس نے کہا، ''نیکودیمس، تمہیں اپنے اندر تبدیلی کی ضرورت ہے،'' اور صرف روح القدس ہی ایسا کر سکتا ہے۔ اوپر سے پیدا ہونا خدا کا ایک مافوق الفطرت عمل ہے۔ روح القدس ہمیں ہمارے گناہ کی سزا دیتا ہے؛ وہ ہمیں پریشان کرتا ہے کیونکہ ہم نے خدا کے خلاف گناہ کیا ہے۔ اور پھر روح القدس ہمیں دوبارہ تخلیق کرتا ہے۔ یہ تب ہوتا ہے جب ہم دوبارہ پیدا ہوتے ہیں۔ روح القدس ہماری روزمرہ کی زندگیوں میں ہماری مدد کرنے کے لیے ہمارے دلوں میں بسنے کے

،لیے آتا ہے۔ خُدا کی روح ہمیں یقین دلاتا ہے، ہمیں خوشی دیتا ہے ہماری زندگیوں میں پھل پیدا کرتا ہے اور ہمیں صحیفے سکھاتا ہے۔

کچھ لوگ مسیح کی نقل کرنے کی کوشش کرتے ہیں۔ وہ سوچتے ہیں کہ ہمیں صرف یسوع کی پیروی کرنے کی کوشش کرنی ہے اور ان کاموں کو کرنے کی کوشش کرنا ہے جو اس نے کیا، اور ہم جنت میں داخل ہو جائیں گے۔ لیکن ہم یہ نہیں کر سکتے۔ ہم مذہبی گیتوں کو جان سکتے ہیں۔ ہم نماز بھی پڑھ سکتے ہیں۔ لیکن اگر ہم صلیب کے دامن تک نہیں گئے ہیں، تو ہم دوبارہ پیدا نہیں ہوئے ہیں۔ یہی وہ پیغام ہے جو یسوع ہمیں سکھانے کی کوشش کر رہا ہے۔

نئے سرے سے پیدا ہونے کا مطلب یہ ہے کہ ''[خدا] آپ کو ایک نیا دل دے گا اور آپ کے اندر ایک نئی روح ڈالے گا'' (حزقی ایل 36:26)۔ پرانی چیزیں ختم ہو گئی ہیں، دیکھو، سب چیزیں نئی ہو گئی ہیں'' (2'' کرنتھیوں 5:17)۔ ہم "الٰہی فطرت کے شریک ہیں" (2 پطرس 1:4)؛ ہم موت سے گزر کر زندگی میں آئے ہیں'' (یوحنا 5:24)۔ نیا جنم ہمارے'' فلسفے اور رہن سہن میں تبدیلی لاتا ہے۔

## اسرار

،نئے جنم کا ایک راز ہے۔ یسوع نے کہا، ''ہوا جہاں چاہتی ہے چلتی ہے اور آپ اس کی آواز سنتے ہیں، لیکن یہ نہیں بتا سکتے کہ یہ کہاں سے آتی ہے اور کہاں جاتی ہے'' (یوحنا 3:8)۔ لیکن آپ نتیجہ دیکھ سکتے ہیں۔ یسوع نے نیکودیمس کو نئے جنم کی وضاحت کرنے کی کوشش نہیں کی۔ ہمارے محدود ذہن لامحدود کو نہیں سمجھ سکتے۔ ہم بچوں کی طرح سادہ ایمان سے آتے ہیں، اور ہم یسوع مسیح میں اپنا ایمان رکھتے ہیں۔ جب ہم ایسا کرتے ہیں تو ہم دوبارہ پیدا ہوتے ہیں۔

## کیا آپ کو اپنی نجات کا یقین ہے؟

یہ اس طرح ہوتا ہے۔ سب سے پہلے ہمیں خدا کا کلام سننا ہے۔ ''ایمان سننے سے آتا ہے اور خُدا کے کلام سے سنتا ہے'' (رومیوں 10:17)۔ وہ پہلا قدم ہے۔ ''اس نے خُدا کو اُس پیغام کی حماقت کے ذریعے خوش کیا جو ایمان لانے والوں کو بچانے کے لیے تبلیغ کی گئی تھی'' (1 کرنتھیوں 1:21)۔ یہ احمقانہ لگتا ہے کہ بائبل کے الفاظ ہمارے دلوں میں

گھسنے اور ہماری زندگیوں کو بدلنے کی طاقت رکھتے ہیں، لیکن وہ کرتے ہیں، کیونکہ وہ خدا کے مقدس الفاظ ہیں۔

،پھر روح القدس کا کام ہے۔ وہ مجرم ٹھہراتا ہے: ''اور جب وہ آئے گا وہ دنیا کو گناہ، راستبازی اور عدالت کا مجرم ٹھہرائے گا'' (یوحنا 16:8) ۔ وہ ہمیں بدل دیتا ہے۔ وہ ہماری مرضی، ہمارے پیار، ہمارے جینے کے مقاصد، ہمارے مزاج کو بدل دیتا ہے۔ وہ ہمیں ایک نیا مقصد اور نئے مقاصد دیتا ہے۔ ''پرانی چیزیں ختم ہو جاتی ہیں، اور ہر چیز ''نئی ہو جاتی ہے (Cf. 2 5:17 کرنتھیوں) ۔ پھر وہ ہمارے اندر بستا ہے: ''کیا تم نہیں جانتے کہ تم خدا کا ہیکل ہو اور خدا کا روح تم میں بستا ہے؟'' کیا خدا روح القدس آپ میں رہتا ہے؟

یسوع مسیح کہتے ہیں کہ ہمیں دوبارہ پیدا ہونا چاہیے۔ ہم دوبارہ جنم کیسے لیتے ہیں؟ گناہ سے توبہ کر کے۔ اس کا مطلب ہے کہ ہم اپنے طرز زندگی کو بدلنے کے لیے تیار ہیں۔ ہم خدا سے کہتے ہیں، "میں ایک گنہگار ہوں، اور میں معافی چاہتا ہوں۔" یہ سادہ اور بچوں جیسا ہے۔ پھر ایمان سے ہم یسوع مسیح کو اپنے رب اور مالک اور نجات دہندہ کے طور پر قبول کرتے ہیں۔ ہم فرمانبرداری کی ایک نئی زندگی میں اس کی پیروی کرنے کے لیے تیار ہیں، جس میں روح القدس ہماری مدد کرتا ہے جب ہم بائبل پڑھتے ہیں اور دعا کرتے ہیں اور گواہی دیتے ہیں۔

اگر آپ کے ذہن میں اس بارے میں کوئی شک ہے کہ آیا آپ نئے سرے سے پیدا ہوئے ہیں، تو مجھے امید ہے کہ آپ اب اس کا ازالہ کر لیں گے، کیونکہ بائبل 2 کرنتھیوں 6:2 میں کہتی ہے، ''اب قبول شدہ وقت ہے؛ ... [آج] نجات کا دن ہے۔''

## میں ایک گنہگار ہوں، اور مجھے افسوس ہے۔"

کیا آپ مستقبل کے بارے میں فکر مند ہیں؟ کسی ذاتی یا روحانی مسئلے سے نبردآزما ہو رہے ہو جو کل کے بارے میں بے چینی، غیر یقینی یا خوف کا باعث ہو؟ درجنوں موضوعات اور سوالات کے ذریعے براؤز کریں اور ابھی زیادہ پرامن زندگی کی طرف اپنا سفر شروع کریں۔

## جوابات تلاش کر رہے ہیں؟

کیا خدا آپ کے دل کو گھیر رہا ہے؟ کیا آپ ایک حقیقی اور دیرپا امن کے لیے تیار ہیں جو صرف ایک سچے خدا کے ساتھ تعلق کے ذریعے حاصل ہوتا ہے؟ آج ہی اُس کی طرف قدم بڑھائیں۔

## آپ خدا کے ساتھ امن رکھ سکتے ہیں۔

### امن کیا ہے؟

بہت سے لوگ کسی بھی چیز سے زیادہ ایک چیز کے لیے کوشش کرتے ہیں—امن۔ ان کی تلاش کی وجہ یہ ہے کہ ان کی زندگی میں کوئی دیرپا سکون یا آزادی نہیں ہے۔ ایسا لگتا ہے کہ وہ ہمیشہ بے چین رہتے ہیں۔ بائبل امن کو بنیادی طور پر تین طریقوں سے بیان کرتی ہے۔

نفسیاتی سکون، اندر کا سکون۔
.رشتہ داری امن، انسانیت کے درمیان ہم آہنگی
روحانی سکون جو خدا اور انسان کے درمیان ہے۔

بائبل بیان کرتی ہے کہ کس طرح گناہ تینوں قسم کے امن کو نقصان پہنچاتا ہے یا مٹاتا ہے۔ جب خُدا نے انسان کو تخلیق کیا تو وہ خُدا، اپنے آپ اور باقی سب کے ساتھ امن میں تھا۔ تاہم، جب وہ خُدا کے خلاف ہو گیا تو وہ سکون کھو گیا۔ امن بحال ہو سکتا ہے لیکن ہم اکیلے نہیں کر سکتے۔ خدا نے ایک راستہ دیا۔

یسوع مسیح، خدا کا اکلوتا بیٹا، ہماری دنیا میں ہمارے گناہوں کو دور کرنے کے لیے بھیجا گیا تھا۔ اس نے خود کو مصلوب کرنے کی اجازت دے کر ایسا کیا، اور یہ وہ قربانی تھی جس نے ہمارے لیے دوبارہ امن حاصل کرنا ممکن بنایا — اپنے اندر امن، ایک دوسرے کے ساتھ امن اور خُدا کے ساتھ امن۔

یسوع صلیب پر مرنے کے بعد، وہ دوبارہ زندہ ہو گیا۔ اس نے ظاہر کیا کہ یسوع خدا ہے، لیکن یہ بھی واضح کیا کہ وہ ہر ایک کے لیے کامل امن کی خواہش رکھتا ہے۔ ''کیونکہ وہ خود ہمارا امن ہے، ... اور اُس نے آکر آپ کو جو دُور تھے اُن کو سلامتی اور اُن کے پاس جو قریب تھے سلامتی کی منادی کی'' (افسیوں 2:14-17)۔

یسوع ہم میں سے ہر ایک کو ہر قسم کے گناہ پر قابو پانے کی طاقت دیتا ہے۔ اس سے کوئی فرق نہیں پڑتا ہے کہ آپ کی صورتحال کتنی ہی مشکل محسوس ہوتی ہے، مسیح اس سے گزر سکتا ہے۔ لیکن آپ کو پہلے اپنے گناہ کو تسلیم کرنا چاہیے اور یسوع کے لیے ارتکاب کرنا چاہیے، تب آپ کامل سکون حاصل کر سکتے ہیں اور اس کا مطلب جان سکتے ہیں۔

یسوع نے کہا، ''میں نے تمہیں یہ سب کچھ اس لیے بتایا ہے کہ تم مجھ میں سکون پاؤ'' (یوحنا 16:33)۔ سکون حاصل کرنے کے لیے، آپ کو اسے جاننا چاہیے جو اسے دے سکتا ہے۔

## کیا آپ یسوع کے امن کے لیے تیار ہیں؟

ذیل میں مزید وضاحت اور یسوع مسیح میں اپنی نئی زندگی شروع کرنے کے لیے شراکتیں:

## اپنی نئی زندگی کا آغاز مسیح کے ساتھ کریں۔

آج آپ یسوع مسیح کے ساتھ تعلق کے ذریعے حقیقی، پائیدار امن حاصل کر سکتے ہیں۔ اپنا چار قدمی سفر ابھی شروع کریں!

### مرحلہ **1** - خدا کا مقصد**:** امن اور زندگی

خُدا آپ سے محبت کرتا ہے اور چاہتا ہے کہ آپ امن اور ابدی زندگی کا تجربہ کریں — پرچر اور ابدی۔
بائبل کہتی ہے:

"ہمارا اپنے خُداوند یسوع مسیح کے ذریعے خُدا کے ساتھ امن ہے۔"
رومیوں 5:1

''کیونکہ خُدا نے دنیا سے ایسی محبت کی کہ اُس نے اپنا اکلوتا بیٹا بخش دیا تاکہ جو کوئی اُس پر ایمان لائے ہلاک نہ ہو بلکہ ہمیشہ کی زندگی پائے۔''
یوحنا 3:16

''میں [یسوع] آیا ہوں تاکہ وہ زندگی پائیں اور کثرت سے پائیں۔''
یوحنا 10:10

کیوں زیادہ تر لوگوں کے پاس یہ امن اور پرچر زندگی نہیں ہے جو خدا نے ہمارے لئے منصوبہ بنایا ہے؟

## مرحلہ **2** – مسئلہ**:** گناہ ہمیں الگ کرتا ہے۔

خُدا نے ہمیں اپنی صورت میں ایک پرچر زندگی کے لیے پیدا کیا۔ اس نے ہمیں خود بخود محبت کرنے اور اس کی اطاعت کرنے کے لیے روبوٹ نہیں بنایا۔ خدا نے ہمیں مرضی اور انتخاب کی آزادی دی ہے۔ ہم خدا کی نافرمانی کا انتخاب کرتے ہیں اور اپنی مرضی سے چلتے ہیں۔ .ہم آج بھی یہ انتخاب کرتے ہیں۔ یہ خدا سے علیحدگی کا نتیجہ ہے
:بائبل کہتی ہے

''کیونکہ سب نے گناہ کیا ہے اور خدا کے جلال سے محروم ہیں۔''
رومیوں 3:23

کیونکہ گناہ کی اجرت موت ہے، لیکن خدا کا مفت تحفہ ہمارے خداوند"
"مسیح یسوع میں ہمیشہ کی زندگی ہے۔
رومیوں 6:23

ہمارا انتخاب خدا سے علیحدگی کا نتیجہ ہے۔ لوگوں نے بہت سے طریقوں سے اپنے اور خدا کے درمیان اس فرق کو ختم کرنے کی ...کوشش کی ہے
:بائبل کہتی ہے

ایک راستہ ایسا ہے جو آدمی کو صحیح لگتا ہے، لیکن اس کا انجام"
"موت کا راستہ ہے۔
امثال 14:12

لیکن تمہاری بدکرداری نے تمہارے اور تمہارے خدا کے درمیان''
جدائی پیدا کر دی ہے اور تمہارے گناہوں نے اس کا چہرہ تم سے چھپا دیا ہے کہ وہ نہیں سنتا۔
یسعیاہ 59:2

خدا تک کوئی پل نہیں پہنچتا سوائے ایک کے۔

## مرحلہ 3 - خدا کا علاج: صلیب

یسوع مسیح صلیب پر مر گئے اور قبر سے جی اٹھے۔ اُس نے ہمارے گناہ کا کفارہ ادا کیا اور خُدا اور لوگوں کے درمیان فاصلہ پُر کیا۔
بائبل کہتی ہے:

''کیونکہ خدا ایک ہے، اور خدا اور انسانوں کے درمیان ایک ہی ثالث ہے، مسیح عیسیٰ۔''
تیمتھیس 1 2:5

''کیونکہ مسیح نے بھی ایک بار گناہوں کے لیے دُکھ اُٹھایا، راستباز نے ناراستوں کے لیے، تاکہ وہ ہمیں خُدا کے پاس لے آئے۔''
پطرس 1 3:18

''لیکن خُدا ہمارے لیے اپنی محبت اس طرح ظاہر کرتا ہے کہ جب ہم گنہگار ہی تھے، مسیح ہمارے لیے مرا۔''
رومیوں 5:8

...خدا نے واحد راستہ دیا ہے... ہر شخص کو انتخاب کرنا ہوگا

## مرحلہ 4 – ہمارا جواب: مسیح کو حاصل کریں۔

ہمیں یسوع مسیح پر خداوند اور نجات دہندہ کے طور پر بھروسہ کرنا چاہیے اور اسے ذاتی دعوت کے ذریعے قبول کرنا چاہیے۔
بائبل کہتی ہے:

''دیکھو، میں دروازے پر کھڑا ہوں اور کھٹکھٹاتا ہوں، اگر کوئی میری آواز سُن کر دروازہ کھولے تو میں اُس کے پاس آؤں گا اور اُس کے ساتھ کھانا کھاؤں گا اور وہ میرے ساتھ''
مکاشفہ 3:20

"لیکن ان سب کو جنہوں نے اسے قبول کیا، جو اس کے نام پر ایمان
لائے، اس نے خدا کے فرزند بننے کا حق دیا۔"
یوحنا 1:12

’’اگر آپ اپنے منہ سے اقرار کرتے ہیں کہ یسوع خُداوند ہے اور اپنے
دل میں یقین رکھتے ہیں کہ خُدا نے اُسے مُردوں میں سے زندہ کیا تو
آپ بچ جائیں گے۔‘‘
رومیوں 10:9

کیا آپ ابھی یسوع مسیح کو قبول کریں گے؟

یہاں آپ مسیح کو کیسے حاصل کر سکتے ہیں:

اپنی ضرورت کو تسلیم کریں۔ (میں ایک گنہگار ہوں۔)

اپنے گناہوں سے باز آنے کے لیے تیار ہو جائیں (توبہ کریں) اور اللہ
سے معافی مانگیں۔
یقین کریں کہ یسوع مسیح آپ کے لیے صلیب پر مرا اور قبر سے جی
اُٹھا۔ دعا کے ذریعے، یسوع مسیح کو اندر آنے اور روح القدس کے
ذریعے اپنی زندگی کو کنٹرول کرنے کی دعوت دیں۔ (یسوع کو رب اور
نجات دہندہ کے طور پر قبول کریں)
ہم اس طرح کی دعا تجویز کرتے ہیں:

"پیارے خدا، میں جانتا ہوں کہ میں ایک گنہگار ہوں۔ میں اپنے گناہوں
سے باز آنا چاہتا ہوں، اور میں آپ سے معافی مانگتا ہوں۔ مجھے یقین
ہے کہ یسوع مسیح آپ کا بیٹا ہے۔ مجھے یقین ہے کہ وہ میرے گناہوں
کے لیے مرا اور آپ نے اسے زندہ کیا ہے۔ میں چاہتا ہوں کہ وہ میرے
دل میں آئے اور میری زندگی کا کنٹرول سنبھال لے۔ میں یسوع کو اپنے
نجات دہندہ کے طور پر بھروسہ کرنا چاہتا ہوں اور اس دن سے اپنے
رب کے طور پر یسوع کی پیروی کرنا چاہتا ہوں۔"

کیا آپ نے یسوع مسیح کو حاصل کرنے اور اس کے ساتھ رشتہ شروع
کرنے کے لیے دعا کی؟

ہاں، میں نے دعا کی۔

نہیں، لیکن میرے سوالات ہیں۔

مزید وضاحت کے لیے اگلے پر جائیں۔

## – نجات کی کہانی – نجات کی دعا – نجات کی دعا خدا کے ساتھ ہماری پہلی حقیقی گفتگو

نجات کی دعا" وہ سب سے اہم دعا ہے جو ہم کبھی بھی دعا کریں گے۔" جب ہم مسیحی بننے کے لیے تیار ہوتے ہیں، تو ہم خُدا کے ساتھ اپنی پہلی حقیقی گفتگو کرنے کے لیے تیار ہوتے ہیں، اور یہ اس کے اجزاء ہیں:

- ہم تسلیم کرتے ہیں کہ یسوع مسیح خدا ہے؛ کہ وہ ایک انسان کے طور پر زمین پر آیا تاکہ وہ بے گناہ زندگی گزارے جسے ہم نہیں جی سکتے۔ کہ وہ ہماری جگہ مر گیا، تاکہ ہمیں وہ جرمانہ ادا نہ کرنا پڑے جس کے ہم مستحق ہیں۔
- ہم گناہ کی اپنی پچھلی زندگی کا اعتراف کرتے ہیں — اپنے لیے جینا اور خُدا کی اطاعت نہیں کرنا۔
- ہم تسلیم کرتے ہیں کہ ہم اپنے نجات دہندہ اور خداوند کے طور پر یسوع مسیح پر بھروسہ کرنے کے لیے تیار ہیں۔
- ،ہم یسوع سے ہمارے دل میں آنے، وہاں رہائش اختیار کرنے اور ہمارے ذریعے زندگی گزارنے کے لیے کہتے ہیں۔

نجات کی دعا – یہ خُدا پر ایمان کے ساتھ شروع ہوتی ہے۔

جب ہم نجات کی دعا مانگتے ہیں، تو ہم خُدا کو بتاتے ہیں کہ ہمیں یقین ہے کہ اُس کا کلام سچا ہے۔ اس نے جو ایمان ہمیں دیا ہے اس سے ہم اس پر ایمان لانے کا انتخاب کرتے ہیں۔ بائبل ہمیں بتاتی ہے کہ ’’ ایمان کے بغیر اُس کو خوش کرنا ناممکن ہے، کیونکہ جو خُدا کے پاس آتا ہے اُسے یقین کرنا چاہیے کہ وہ ہے، اور یہ کہ وہ اُن لوگوں کا اجر دیتا ہے جو اُس کے طالب ہیں ‘‘ (عبرانیوں 11:6)۔

لہذا، جب ہم دعا کرتے ہیں، خدا سے نجات کا تحفہ مانگتے ہیں، تو ہم یہ تسلیم کرنے کے لیے اپنی آزاد مرضی کا استعمال کرتے ہیں کہ ہم اس پر یقین رکھتے ہیں۔ ایمان کا یہ مظاہرہ خُدا کو خوش کرتا ہے، کیونکہ ہم نے آزادانہ طور پر اُسے جاننے کا انتخاب کیا ہے۔

## نجات کی دعا – اپنے گناہ کا اعتراف

جب ہم نجات کی دعا مانگتے ہیں، تو ہم تسلیم کر رہے ہوتے ہیں کہ ہم نے گناہ کیا ہے۔ جیسا کہ بائبل ہر ایک کے بارے میں کہتی ہے، صرف مسیح کو چھوڑیں: ’’ کیونکہ سب نے گناہ کیا ہے، اور خدا کے جلال سے محروم ہیں ‘‘ (رومیوں 3:23)۔

گناہ کرنا محض نشان سے کم ہونا ہے، جیسا کہ ایک تیر جو بیل کی آنکھ میں بالکل نہیں لگا۔ خدا کا جلال جس سے ہم محروم ہیں وہ صرف یسوع مسیح میں پایا جاتا ہے: " کیونکہ وہی خدا ہے جس نے اندھیرے سے روشنی کو چمکانے کا حکم دیا، جس نے ہمارے دلوں میں چمکایا تاکہ یسوع مسیح کے چہرے پر خدا کے جلال کی پہچان کا نور روشن ہو " (2 کرنتھیوں 4:6)۔

نجات کی دعا، پھر، تسلیم کرتی ہے کہ یسوع مسیح واحد انسان ہے جو کبھی بھی گناہ کے بغیر زندہ رہا۔ ’’ کیونکہ اُس نے اُس کو جو گناہ نہیں جانتا تھا ہمارے لیے گناہ بنایا تاکہ ہم اُس میں خدا کی راستبازی بنیں ‘‘ (2 کرنتھیوں 5:21)۔

## نجات کی دعا - نجات دہندہ اور خداوند کے طور پر مسیح میں ایمان کا دعوی کرنا

مسیح کو ہمارے معیارِ کمال کے طور پر، اب ہم اُس پر ایمان کو خُدا کے طور پر تسلیم کر رہے ہیں، یوحنا رسول کے ساتھ اتفاق کرتے ہوئے کہ: " شروع میں کلام (مسیح) تھا، اور کلام خُدا کے ساتھ تھا، اور کلام خُدا تھا۔ وہ ابتدا میں خُدا کے ساتھ تھا۔ سب چیزیں اُس کے ذریعے سے بنی تھیں، اور اُس کے بغیر کچھ بھی نہیں بنایا گیا تھا " (یوحنا 1:1-3(-

کیونکہ خُدا صرف ایک کامل، بے گناہ قربانی کو قبول کر سکتا ہے، اور چونکہ وہ جانتا تھا کہ ہم اسے پورا نہیں کر سکتے، اُس نے اپنے بیٹے " کو ہمارے لیے مرنے اور ابدی قیمت ادا کرنے کے لیے بھیجا ہے۔ کیونکہ خُدا نے دُنیا سے ایسی محبت کی کہ اُس نے اپنا اکلوتا بیٹا بخش دیا تاکہ جو کوئی اُس پر ایمان لائے ہلاک نہ ہو بلکہ ہمیشہ کی زندگی پائے ۔" (یوحنا 3:16)۔

## !نجات کی دعا – اسے کہیں اور اب اس کا مطلب کریں

کیا آپ اب تک جو کچھ بھی پڑھ چکے ہیں اس سے اتفاق کرتے ہیں؟ اگر آپ ایسا کرتے ہیں، تو یسوع مسیح میں اپنی نئی زندگی شروع کرنے کے لیے ایک لمحہ زیادہ انتظار نہ کریں۔ یاد رکھیں، یہ دعا کوئی جادوئی فارمولا نہیں ہے۔ آپ صرف اپنے دل کا خدا سے اظہار کر رہے ہیں۔ ہمارے ساتھ یہ دعا کریں:

ابا، میں جانتا ہوں کہ میں نے آپ کے قوانین کو توڑا ہے اور میرے" ،گناہوں نے مجھے آپ سے الگ کر دیا ہے۔ مجھے واقعی افسوس ہے اور اب میں آپ کی طرف اپنی پچھلی گناہ کی زندگی سے منہ موڑنا چاہتا ہوں۔ براہ کرم مجھے معاف کر دیں، اور مجھے دوبارہ گناہ کرنے سے بچنے میں مدد کریں۔ مجھے یقین ہے کہ آپ کا بیٹا، یسوع مسیح میرے گناہوں کے لیے مر گیا، مُردوں میں سے جی اُٹھا، اور وہ میری دُعا میں یسوع کی زندگی میں زندہ ہے، جو میری دعا میں ہے۔ آج کے دن سے میرے دل پر حکومت کرنے کے لیے، براہِ کرم مجھے آپ کی

فرمانبرداری کرنے میں مدد کرنے کے لیے، اور میں اپنی باقی زندگی کے لیے یسوع کے نام پر دعا کرتا ہوں، آمین۔

نجات کی دعا - میں نے یہ دعا کی ہے؛ اب کیا؟

اگر آپ نے نجات کی یہ دعا سچے یقین اور دل کے ساتھ مانگی ہے، تو اب آپ یسوع کے پیروکار ہیں۔ یہ ایک حقیقت ہے، چاہے آپ کوئی مختلف محسوس کریں یا نہ کریں۔ مذہبی نظاموں نے آپ کو یہ یقین دلایا ہو گا کہ آپ کو کچھ محسوس کرنا چاہیے - ایک گرم چمک، ایک جھنجھلاہٹ، یا کوئی اور صوفیانہ تجربہ۔ حقیقت یہ ہے کہ، آپ کر سکتے ہیں، یا آپ نہیں کر سکتے ہیں۔ اگر آپ نے نجات کی دعا مانگی ہے اور اس کا مطلب ہے، تو اب آپ یسوع کے پیروکار ہیں۔ بائبل ہمیں بتاتی ہے کہ آپ کی ابدی نجات محفوظ ہے! '' کہ اگر تم اپنے منہ سے خداوند یسوع کا اقرار کرو اور اپنے دل میں یقین کرو کہ خدا نے اُسے مُردوں میں سے زندہ کیا ہے، تو تم نجات پاؤ گے '' (رومیوں 10:9)۔

خدا کے خاندان میں خوش آمدید! ہم اب آپ کو ایک مقامی گرجا گھر تلاش کرنے کی ترغیب دیتے ہیں جہاں آپ بپتسمہ لے سکتے ہیں اور اس کے کلام، بائبل کے ذریعے خدا کے علم میں بڑھ سکتے ہیں۔

آپ ہماری ویب سائٹ www.otakada.org پر بھی جا سکتے ہیں جو آپ کو مسیح میں ترقی اور بڑھنے میں مدد دے گی۔

یسوع کو اپنے لیے دریافت کرنے کے لیے دریافت بائبل کے مطالعہ میں اس لنک کو استعمال کرنا https://www.otakada.org/dbs-dmm/

## 40 روزہ شاگردی کا سفر

یا آپ اس لنک کے ذریعے آن لائن اپنی رفتار سے 40 دن کا سفر شروع کر سکتے ہیں https://www.otakada.org/get-free-40-

days-online-discipleship-course-in-a-journey-with-jesus/

پر ای میل بھیجیں۔ info@otakada.org

رب آپ کی زندگی کو وسعت دے اور آپ کو خوشی، امن، محبت اور ہم آہنگی سے بھر دے جو صرف وہی دے سکتا ہے، آمین

## !آپ کے لیے سوال

آج جو معلومات شیئر کی گئی ہیں، کیا یہ آپ کے لیے معنی خیز ہے؟
اگر ایسا ہے تو مزید بصیرت فراہم کریں۔
آگے بڑھ کر، آپ مختلف طریقے سے کیا کریں گے؟ فوری طور پر !شروع کرنے کا عہد کریں

اگر آپ کے فالو اپ سوالات ہیں تو بلا جھجھک ہمیں واپس لکھیں، کال کریں یا چیٹ کریں کیونکہ ہمیں یقین ہے کہ خدا کی روح آپ کے تصور سے بالاتر جوابات دے گی۔ ہم یہاں آپ کو وہ سب کچھ بننے کے لیے تیار کرنے کے لیے ہیں جو خدا نے آپ کو یسوع کے نام پر کرنے اور کرنے کے لیے بلایا ہے۔

!السلام علیکم

اوگبے Comfort Ladi اور O. Ogbe زکریا گوڈسیگل ؛ سفیر پیر
GEM خدا کی عقاب وزارتوں
https://www.otakada.org
ambassador@otakada.org

# مصنفین کی طرف سے شائع کردہ دیگر کتب

## زکریا گوڈسیگل

Prayer: The Mightiest Force in World : Mobilizing 10 million Intercessors for the NATIONS Kindle Edition

by Frank C. Laubach (Author), Zacharias Godseagle (Author) Format: Kindle Edition

4.7 5 ratings See all formats and editions

About the book - Prayer: The Mightiest Force in World - Mobilizing 10 million Intercessors for the NATIONS

Discover the transformative power of prayer in —***"Prayer: The Mightiest Force in the World - Mobilizing 10 million Intercessors for the NATIONS,"*** a compelling Christian nonfiction work urging readers to mobilize a movement of 10 million intercessors. This book, authored by **Frank C. Laubach and Zacharias Godseagle** emphasizes that prayer is a mighty force capable of changing lives, nations, and the world at large.

It challenges individuals to pray boldly and consistently for leaders, communities, and personal breakthrough, highlighting historical examples and testimonials of prayer's impact. With action plans, reflection questions, and journaling sections for individuals

https://www.amazon.com/Prayer-Mightiest-Mobilizing-million-Intercessors-ebook/dp/B0DYJYVKHT

## سفیر پیر **O. Ogbe**

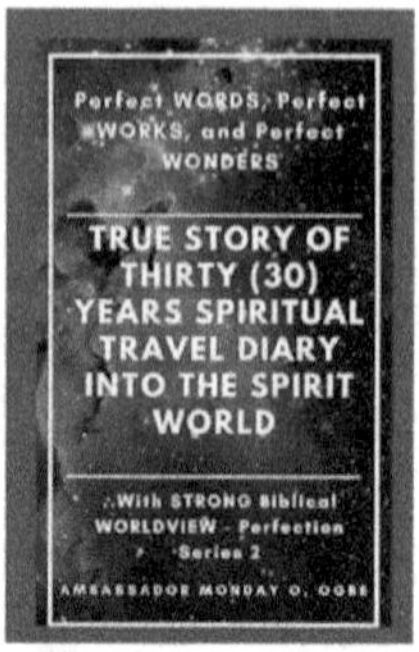


Read sample

True Story of Thirty (30) Years SPIRITUAL TRAVEL Diary into the Spirit World: Perfect WORDS, Perfect WORKS, and Perfect WONDERS

Kindle Edition

by O Ogbe, Ambassador Monday (Author), Peter Tan (Author) Format: **Kindle Edition**

See all formats and editions

Hello Friends, God is constantly calling His children to the place of perfection. In the garden of Eden, He told our first parent to eat everything except one of the trees. They broke the perfection clause and were driven out of the garden. He told Noah to prepare the ark according to specification and fill it up according to instruction. He told Abraham to walk before Him and be perfect. He told Moses to build the ark of the covenant according to as shown him on the mountain. The perfection clause continued till Jesus time where Jesus said, "I do nothing except what I see my Father doing and He is still calling us today to the place of perfection.

https://www.amazon.com/Story-Thirty-SPIRITUAL-TRAVEL-Spirit-ebook/dp/B0C7YRVSWG

مکمل فہرست

https://www.amazon.com/s?k=Ambassador+Monday+O.+Ogbe&ref=nb_sb_noss

مصنف کا صفحہ -
https://www.amazon.com/stores/Ambassador-Monday-O.-Ogbe/author/B07MSBPFNX

Safeguarding Innocence: A Guide to Protecting Children from Predators Kindle Edition

by Amanda Daniel (Author) Format: Kindle Edition

5.0 ★★★★★ 5 ratings See all formats and editions

In a world where children's safety is a growing concern, Safeguarding Innocence serves as a crucial resource for parents and guardians. This comprehensive guide highlights the importance of awareness and proactive measures to protect children from various threats. It emphasizes open communication, education on safe boundaries, and online safety to equip kids with the tools they need to navigate potential dangers. The book also explores how to respond effectively to suspicious behaviors, the role of legislation, and the significance of community engagement. With sections dedicated to personal stories of resilience and strategies for fostering healthy relationships, this guide empowers caregivers to cultivate a safer environment. Combining practical advice with inspiring narratives, Safeguarding Innocence aims to create a united front against child predation, ensuring that both parents and children can thrive in a secure world.

https://www.amazon.com/Safeguarding-Innocence-Protecting-Children-Predators-ebook/dp/B0DJ5J31CW

https://www.amazon.com/s?k=Amanda+Daniel&crid=2ZF6MSTQ7W4Q0

www.ingramcontent.com/pod-product-compliance
Lightning Source LLC
LaVergne TN
LVHW010053061026
849532LV00004BC/1264
* 9 7 9 8 3 4 9 5 3 1 4 8 4 *